数字化转型理论与实践系列丛书

逻辑思维与员工成长

陈南峰　主　编

周新余　宋　倩　副主编

电子工业出版社
Publishing House of Electronics Industry
北京·BEIJING

内 容 简 介

本书基于作者 30 余年军品、民品系统集成产品研发管理、企业员工成长管理、企业运营管理的实战经验编写而成，讲述了以逻辑思维学习训练为基础的员工成长管理体系，并重点对如何提升员工能力进行了阐述。本书主要内容包括员工成长管理体系综述、职场立身处世、职场工作处事、逻辑思维导论、逻辑初级入门、逻辑思维方法、逻辑思维种类、管理能力进阶、数字化管理能力、训练课程与数字化运营支持等。

本书可供研发制造型企业、研究院所、高等院校等相关人员学习参考。

未经许可，不得以任何方式复制或抄袭本书之部分或全部内容。
版权所有，侵权必究。

图书在版编目（CIP）数据

逻辑思维与员工成长 / 陈南峰主编. —北京：电子工业出版社，2023.10
（数字化转型理论与实践系列丛书）
ISBN 978-7-121-46919-0

Ⅰ．①逻⋯ Ⅱ．①陈⋯ Ⅲ．①企业管理－人事管理 Ⅳ．①F272.92

中国国家版本馆 CIP 数据核字（2023）第 246932 号

责任编辑：夏平飞
印　　刷：北京天宇星印刷厂
装　　订：北京天宇星印刷厂
出版发行：电子工业出版社
　　　　　北京市海淀区万寿路 173 信箱　邮编：100036
开　　本：720×1000　1/16　印张：15.5　字数：238 千字
版　　次：2023 年 10 月第 1 版
印　　次：2023 年 10 月第 1 次印刷
定　　价：90.00 元

凡所购买电子工业出版社图书有缺损问题，请向购买书店调换。若书店售缺，请与本社发行部联系，联系及邮购电话：(010) 88254888，88258888。
质量投诉请发邮件至 zlts@phei.com.cn，盗版侵权举报请发邮件至 dbqq@phei.com.cn。
本书咨询联系方式：(010) 88254498。

主编简介

陈南峰，1962年生，浙江大学硕士，正高级工程师。

现任中航电测仪器股份有限公司（简称中航电测，股票代码300114）首席技术专家。目前主持中航电测集成产品研发体系改革的推进工作、Zemic_ZOS信息化与智能制造的推进工作以及员工成长训练。

任职简历：大学毕业后曾在高校任教，曾任中航电测下辖子公司总经理（1999—2012）和两个国家标准分标委会副主任委员，参加多个学术组织。

主要成果与荣誉：获国家科学技术进步二等奖一次，享受国务院政府特殊津贴专家，主持或参与多项国家与地方科研攻关项目以及多项国家与地方标准的制修订和宣贯。

本书编写人员

主　　编：陈南峰
副 主 编：周新余　宋　倩
编写人员：周新余（编写第 3 章、第 10 章）
　　　　　宋　倩（编写第 2 章、参编第 3 章）
　　　　　张　展（编写第 1 章、参编第 10 章）
　　　　　牛振东（参编第 8 章、第 9 章）
　　　　　孟　东（参编第 4 章、第 5 章）
　　　　　贾菊英（参编第 6 章、第 7 章）
　　　　　鲜卫玲（参编第 1 章、第 10 章）
　　　　　侯　玲（参编第 9 章、第 10 章）
文字校对：冯树荣
图片设计：刘　尧

前言

许多学生从大学走向工作岗位后,为何难以较好地做到学以致用呢?这主要是缺乏做事的思路和方法。而要具备做事的思路和方法,就离不开逻辑思维的训练。有了做事的思路和方法,想要做好一件事,还需要执行力,执行力体现在沿着时间维的管控能力与效果上。项目管理 PMP、PDCA 循环便是计划执行的管理工具。

目前,企业中对员工的培训普遍是重知识(如机械、电子、软件等)、重理念(如概念、趋势、文化等)、忙补漏(如点状、散乱等)。存在轻逻辑(缺运用知识构建解决方案的能力训练)、弱执行(缺项目管理训练)、不系统(缺员工发展整体策划、能力训练体系)、不全面(师傅带徒弟成才慢)等问题。

逻辑思维能力不足才是企业员工能力成长缓慢的"根"。提升了逻辑思维能力,也就能促进员工学习能力的提升,有助于提升时间维、知识维的能力水平。因此,我们期望构建起基于逻辑思维学训结合的员工成长管理体系。

■人力资源之"重"

人是企业发展的核心要素,企业的职能是"整合资源,创新价值,创造财富",唯有人才能创造。从人、财、物等生产要素来看,人是企业最积极、最活跃、最重要的要素。

古人云:千军易得,一将难求。要想把企业做强做大,就必须拥有一双发现人才的"慧眼",善于识别人才,善于使用人才,这样才能借用人才的智慧成就企业的辉煌。人力资源部门不能只把自己定位成一个人员招聘部门,而是要把招进来的人真正训练成才,为企业源源不断地供给人才。

■ 能力之"望"

人运用工具去解决问题,首先他必须有能力,否则再好的制度也难以发挥作用,而逻辑思维能力的训练恰恰是能力提升的基础。

■ 成长之"困"

通常,新招聘人员的培养模式是师傅带徒弟,或主要靠新员工自身的悟性成长,这种培养模式存在差异性,缺乏体系化训练。另外,本专业知识的系统性、跨专业的视野拓展、研发体系培训、逻辑维与时间维能力训练等问题无法有效解决。

■ 用留之"难"

招聘成熟人才颇具挑战,而新毕业生进入公司后短期内又难以发挥作用。这一现象的背后是缺乏前期人力资源策划,导致在用人时面临无人可用的窘境。

面对激烈的市场和人才竞争,企业越发难以有效地留住员工。企业管理的核心在于人才管理,需要通过事业发展、情感联系和薪酬待遇来留住人才。绩效管理必须合理公正,激励机制应具备竞争力,确保对人才有足够的吸引力。

■ 本书结构

第1章 员工成长管理体系综述

员工能力成长缓慢已成为制约企业发展的一大瓶颈。按照总体策划、系统推进、分步实施的原则,企业可以建立"职业发展路径+能力评估+培训培养+绩效评价激励"的人才管理长效机制,形成人才快速成长、员工能力有效提升的生态型组织,达到企业发展与员工成长"双赢"的效果。为此,本章对员工成长管理体系做了综述。

第 2 章 职场立身处世

建立和运用适合各系列人员的通用能力模型及针对具体系列的专业能力模型，快速识别员工的优势和短板，并以此为依据，有针对性地开展培训，让员工能够快速提升能力水平，实现自我价值。做事先做人，本章讲述通用能力模型中立身处世之道：品德涵养、沟通协调、团队协作。

第 3 章 职场工作处事

本章介绍通用能力模型中做事的通用能力要求：计划执行、创新变革、业务管理、战略决策。

第 4 章 逻辑思维导论

本章讲述非逻辑思维的根源、表现，以及消极思维定式对工作的负面影响，介绍基本的逻辑关系与逻辑定律，分析人们认识事物的层次，并结合实际工作对逻辑层面的能力层次递进做了进一步阐述。

第 5 章 逻辑初级入门

本章从解决问题的逻辑原理入手，讲解麦肯锡金字塔原理的结构化快速表达，基于串并联关系及 MECE 原则的精准表达，日常发现问题、评估与决策、解决问题的结构化分析工具。

第 6 章 逻辑思维方法

逻辑思维的基本方法有归纳与演绎、分类与比较、分析与综合、抽象与概括。逻辑思维就是运用这些逻辑思维方法，对丰富多彩的感性事物进行去粗取精、去伪存真、由此及彼、由表及里的加工制作以反映其本质的过程。

第 7 章 逻辑思维种类

逻辑思维的分类方法很多，种类也很多。本章根据职场工作的需要，以逻辑思维能力层次提升为线索，重点介绍结构化思维、批判性思维、创新思维、系统思维等内容。

第 8 章 管理能力进阶

企业管理者应具有管理团队的能力，要善于运用各种技巧和方法带领团队形成合力，努力推动企业发展。本章讲解团队管理思维、团队竞争思维、企业领导力及撬动杠杆等。

第9章 数字化管理能力

本章通过数字化运营背景下项目管理三要素（质量、时间、成本）的讨论，为企业整体运营把脉，提升对企业运营管理的认识水平。

第10章 训练课程与数字化运营支持

本章以研发人员、营销人员、人力资源管理人员的课程开发为例，梳理员工分层分类的培训内容，搭建员工训练课程体系。

本书以培养职场逻辑思维能力为切入点，旨在帮助员工培养一种洞察事物本质的能力。通过逻辑思维训练，员工可以得到进一步发展，成为中高级技术人才或管理干部，进而提升团队管理、团队竞争以及企业整体运营管理的水平。

感谢在本书编写过程中给予帮助的领导、专家、同事与朋友，感谢相关参考文献的作者。

由于编者水平有限，书中可能存在疏漏和不妥之处，欢迎读者批评指正。

编　者

目 录

第 1 章 员工成长管理体系综述 1
- 1.1 职业发展通道设计 3
- 1.2 能力模型与评价 7
- 1.3 知识工程建设与应用 11
- 1.4 能力提升训练实践 17
- 1.5 绩效管理与职级调整 22

第 2 章 职场立身处世 28
- 2.1 品德涵养 28
- 2.2 沟通协调 32
- 2.3 团队协作 39

第 3 章 职场工作处事 47
- 3.1 计划执行 47
- 3.2 创新变革 52
- 3.3 业务管理 57
- 3.4 战略决策 62

第 4 章 逻辑思维导论 70
- 4.1 非逻辑思维 70
- 4.2 逻辑关系 78
- 4.3 逻辑定律 83
- 4.4 认识事物的层次 89
- 4.5 逻辑思维的层次 91

第 5 章　逻辑初级入门 …… 94
- 5.1　解决问题的逻辑原理 …… 94
- 5.2　逻辑五步法应用 …… 97
- 5.3　金字塔快速表达 …… 99
- 5.4　串并联表达 …… 102
- 5.5　MECE 原则 …… 104
- 5.6　提高表达精准性 …… 106
- 5.7　结构树 …… 110
- 5.8　决策矩阵 …… 112

第 6 章　逻辑思维方法 …… 116
- 6.1　归纳与演绎 …… 116
- 6.2　分类与比较 …… 124
- 6.3　分析与综合 …… 128
- 6.4　抽象与概括 …… 132
- 6.5　思维方法间的关系 …… 134

第 7 章　逻辑思维种类 …… 137
- 7.1　结构化思维与总结表达 …… 137
- 7.2　批判性思维与报告评审 …… 140
- 7.3　创新思维与发展驱动 …… 147
- 7.4　系统思维与企业管理 …… 153

第 8 章　管理能力进阶 …… 162
- 8.1　团队管理思维 …… 162
- 8.2　团队竞争思维 …… 169
- 8.3　企业领导力 …… 176
- 8.4　撬动杠杆 …… 183

第 9 章　数字化管理能力 …… 187
- 9.1　项目管理思想 …… 187
- 9.2　产品质量管理 …… 191

9.3 运营效率管理 ··· 199
9.4 产品成本管理 ··· 201
9.5 持续迭代改进 ··· 204

第 10 章 训练课程与数字化运营支持 ································ 208
10.1 课程体系构建 ·· 208
10.2 通用训练课程 ·· 211
10.3 研发团队训练课程 ··· 215
10.4 营销团队训练课程 ··· 218
10.5 人力资源团队训练课程 ·· 220
10.6 数字化运营支持 ··· 222

后记 ··· 232

参考文献 ··· 234

第1章　员工成长管理体系综述

企业可持续发展的根本动力是人才的发展。人才是组织造就核心竞争力的重要因素之一。人力资源管理是企业管理的重要组成部分，人才的科学培育与合理使用，对企业的生存、发展和壮大有着至关重要的作用。

在这个科学技术日新月异的时代，企业面临着越来越多的不确定性，市场的竞争日趋加剧。严峻的市场形势要求企业对外界的变化能够作出快速反应，其中组织的最小单元——员工（这里泛指全体在职人员）的作用日益凸显。

1. 人力资源痛点

许多企业在人力资源管理方面仍存在以下痛点问题：

（1）人才引进竞争力低下

没有构建起良好的人才引进保障机制，尚未构建科学有效的用人机制；未能对引进的人才进行有效激励和推动，降低了人才引进的有效性，导致"能人进不来，庸人出不去"。

（2）职业发展通道不畅

员工的知识结构、能力特征与岗位的任职资格、职责内容匹配度低，导致员工无法有效发挥自身的特长；未合理建立起员工的职业晋升通道，成长机会少，导致员工对自己的前途迷茫；人才缺乏内部竞争，存在缺乏成长活力、人才断层明显、人才流失严重等问题。

（3）人力资源管理数字化水平有待提高

对于企业来说，建设人力资源管理数字化系统是一项长周期、耗资大的工程,而大多数人力资源管理系统(e-HR)是针对各类企业的人力资源管理常用功能开发的,缺乏对于企业员工成长管理方面的关注。

(4)缺乏有效的人才培训体系

很多企业在人才培养方面做了大量的努力,"走出去、请进来"的工作也做了不少,但效果仍然不及预期。虽然培训轰轰烈烈,但是员工成长依然缓慢,打造学习型组织慢慢成了一种形式。

2. 解决思路

按照总体策划、系统推进、分步实施的原则,企业可以建立"职业发展路径+能力评估+培训培养+绩效评价激励"的人才管理长效机制,形成人才快速成长、员工能力有效提升的生态型组织,达到企业发展与员工成长双赢的效果,如图1-1所示。

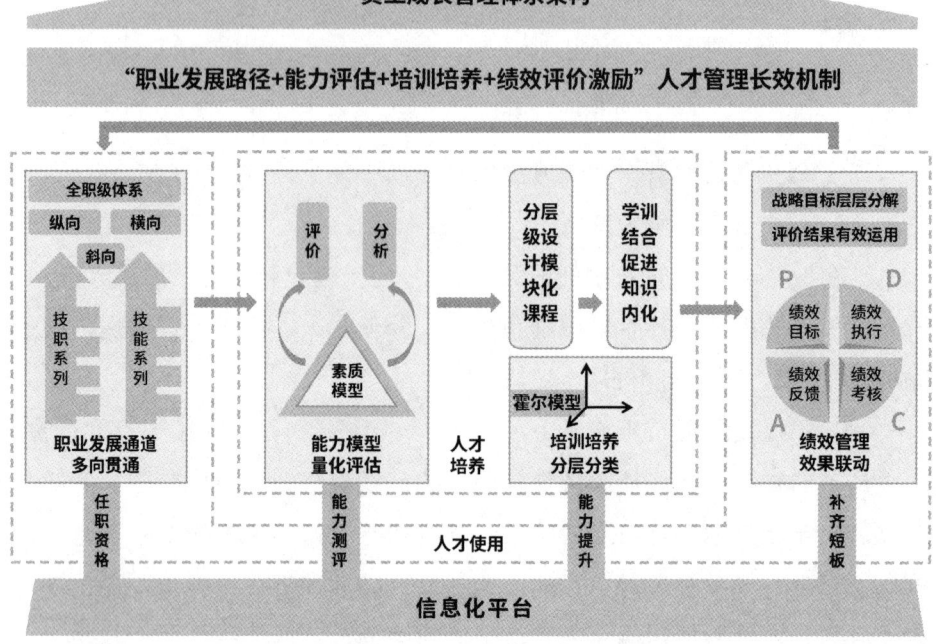

图1-1 员工成长管理体系架构图

（1）企业需要以规划员工职业发展路径为基础，构建贯通和互融的人才发展通道，实现对员工成长的规范化管理。

（2）应该明确岗位/角色的能力需求，设计不同角色人员能力模型，开展能力评价，让员工看到自身能力的差距，实现对岗位/角色的能力评估和对员工能力的有效识别。

（3）企业需要按照员工的职级和岗位构建分层分类课程体系，实现对员工培训的精准性，通过采取"学+训+用"结合的方式，实现员工能力的快速提升。

（4）以绩效管理的流程和方法为主线，坚持以贡献者为本的绩效评价激励理念，探索各级人员绩效管理的方法，实现对人才的有效激励，促进企业员工快速成长。

1.1 职业发展通道设计

随着企业的发展与规模的壮大，当产品结构和专业结构发生较大变化时，员工的知识结构、能力特征与岗位的任职资格、职责内容匹配度将会随之变化，由于缺乏相应的系统去关注这些变化，导致员工无法有效发挥自身的特长，出现了人才高能低配或低能高配的现象，甚至会引发人才引进难、新人成长慢和人才流失快等一系列问题。

为了解决这些问题，进一步增强员工成长驱动力，打通各类人员职业发展通道，中航电测按照全职级体系的构建思路，设计不同系列员工的职级体系，建立职务与职级的对应关系，明确岗位任职资格，全面打通各系列职业发展通道，帮助员工依据个人所在系列、角色、岗位实现纵向主专业发展、横向跨领域发展和斜向跨专业发展等多种发展路径，拓宽人才成长路径。全职级体系设计如表 1-1 所示。

表 1-1　全职级体系设计

职级	职等	行政职务				专业技术职务			技能	职等	职级
		总部	分(子)公司	事业部		工程技术	营销	管理			
				成熟	培育						
15		董事长 总经理				首席专家			技能专家	A	W6
14	A	副总经理 纪委副书记	总经理			特级专家	特级专家		高级技师	A	W5
	B									B	
	C										
13	A	副总工程师 董事会秘书 部长(主任)	副总经理	总监		一级专家	一级专家	一级专家	技师	A	W4
	B									B	
	C										C	
12	A	副部长(副主任)	部长 厂长 总监	副总监	总监	二级专家	二级专家	二级专家	高级工	A	W3
	B									B	
	C										C	
11	A		副部长 副厂长 副总监	部长 副部长	副总监	主管 工程师	主管 工程师	主管 工程师	中级工	A	W2
	B									B	
	C										C	
10	A~C					工程师	销售师	管理师			
9	A~C					助理工程师	助理销售师	助理管理师	初级工	A	W1
8	A~C							管理员		B	

1.1.1　职务与职级对应关系

职务是根据实际工作需要设置的,有明确的职责和任职条件,需要具备专门的业务知识和技术水平才能担负的工作岗位;职级是对工作岗位(角色)的等级划分。在将专业技术职务对应到其他系列职务类别和薪酬范围时,需要通过职级体系来实现。

下面以企业工程技术类为例进行说明。

1．职级的划分

工程技术类划分 7 个职级，职级跨度为 9 级至 15 级，每个职级分不同职等（除 15 级以外），分别以 A、B、C 表示，具体含义分别为：A——专业水平（专业档）、B——标准水平（标准档）、C——初级水平（基础档）。

2．职务的区分

工程技术类包括 7 个专业技术职务，职务与职级的对应关系分别为：首席专家（15 级）、特级专家（14 级）、一级专家（13 级）、二级专家（12 级）、主管工程师（11 级）、工程师（10 级）、助理工程师（9 级）。

3．角色的对应

工程技术人员根据所从事工作的属性，分为产品经理、架构师、项目经理、技术研究工程师、设计工程师、工艺工程师、测试工程师、质量工程师等角色，以适应研发管理工作开展的需要。

根据每个角色的工作内容，划分职业发展通道，确定职级范围，明确能力要求（即各职级的职等 A、B、C 与该职等所要求的能力水平一一对应），具体的对应关系如表 1-2 所示。

表 1-2　工程技术系列各角色职业发展通道

职级	职等	专业技术职务	角色与职级对应关系	
15		首席专家	首席专家	
14	A	特级专家		特级专家
	B			
	C		产品总监	
13	A	一级专家		一级专家
	B			
	C			

续表

职级	职等	专业技术职务	角色与职级对应关系								
12	A B C	二级专家	高级产品经理	二级专家								
11	A B C	主管工程师	产品经理	架构师	项目经理	技术研究工程师	测试工程师	质量工程师	设计工程师	工艺工程师	IT工程师
10	A~C	工程师	产品经理助理	销售(解决方案)工程师	服务(实施)工程师						
9	A~C	助理工程师									

1.1.2 任职资格体系

员工职级的任职资格主要包括能力、贡献、参考条件三部分，各角色对应的任职资格和要求不同。结合知识工程体系，每个系列任职资格应达到相应的要求。

1. 能力

能力是完成本岗位职责或任务目标所需具备的主体条件，直接影响活动效率。

2. 贡献

企业按照以贡献者为本的原则，将贡献分为个人贡献和组织贡献，根据岗位的不同属性，要求不同角色作出的贡献不同。

3. 参考条件

参考条件主要以学历/工作年限、职称/知识为主，在职级评定过程中，对于其他条件均表现优秀的人员，可适当调整或放宽。

员工职级通道划分清晰后，不同职级均有相应的任职资格要求，而各职级的任职资格条件又对应着不同的能力和贡献要求。

1.1.3 职级评定

员工职级评定包括首次评定和年度调整。其中，首次评定是指新员工入职或员工调整岗位，需要按照不同层级的评审权限，对照各职级的任职资格条件进行评定；年度调整是指员工在首次评定后，按年度进行职级调整，如在同一职级内调整，需参考年度绩效评价结果，如跨职级调整，在满足职级调整的前提下，对照任职资格条件重新评定。

通过采取强制分布指导线的方式进行考核评价，可以合理拉开员工年度评价结果的差距，确保在年度调整时，员工职级能上能下。通过实行员工职级动态管理，能够有效增强员工成长驱动力。以工程技术系列为例，在职业发展通道内对照任职资格要求，设计相应能力提升课程，实施针对性培训培养，有效促进技术人员快速成长为独当一面的人才，技术队伍逐渐形成人才雁形梯队。

1.2 能力模型与评价

打通了职业发展路径，作为管理者，就要开始关注员工是否具备了胜任工作的能力。

员工能力是指其知识水平、道德修养以及其他各方面能力的综合体现。员工能力是决定个人成败和企业发展的关键；提高员工能力，是企业的一般要求和发展必需，是建立企业竞争力的关键。企业通过运用能力模型，快速识别员工的优势和短板，并以此为依据有针对性地开展培训，让员工能力快速提升，实现自我价值。

通常，能力分为通用能力和专业能力，以工程技术人员为例，建立工程技术岗位的通用能力模型和专业能力模型,如图1-2所示。

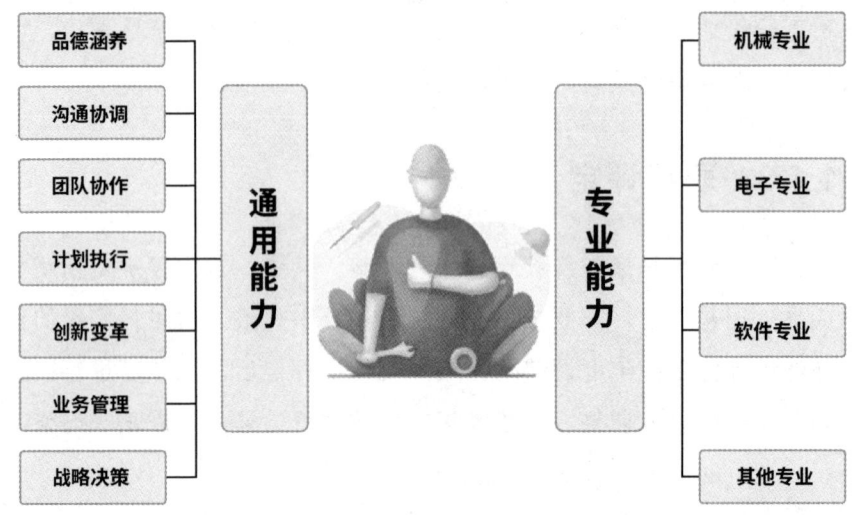

图1-2 工程技术人员能力模型示意图

1.2.1 通用能力模型设计

通用能力,指的是一组具有普遍性、适合不同工作岗位的胜任特征,企业中的高绩效员工均具备一些通用的胜任特征。根据对能力模型的研究,归纳出工程技术人员的通用能力,如表1-3所示。

表1-3 通用能力

（一）品德涵养	品行修养	（二）沟通协调	讲解能力
	积极乐观		社交能力
	善于学习		解决冲突
	成熟稳重	（三）团队协作	融入团队
	遵守承诺		个人魅力
	认识自己		营造氛围
（二）沟通协调	礼貌表达		民主集中
	交流顺畅		授权激励
	沟通技巧		人才培养

续表

（四） 计划执行	分析能力	（六） 业务管理	调研分析
	目标导向		业务能力
	计划制订		制度管理
	推动执行		处事能力
	工作毅力		解决问题
	适度灵活		策划能力
（五） 创新变革	把握问题	（七） 战略决策	大局意识
	吸取教训		竞争意识
	创新思维		洞察发现
	创新推动		战略规划
	扫除障碍		战略执行
	追求卓越		分析决策

1.2.2　通用能力的评价

企业可以从不同维度对通用能力进行测评，通过数字化手段实施评价，如表1-4所示。

表1-4　研发角色评分表（示例）

姓名：_____　专业：_____　总得分：_____

能　力		要求内容	得　分
品德涵养	品行修养	品德高尚、深孚众望、不偏执极端、为人宽容大气、懂感恩；勇于承认与改正错误，自身具备主动担当的责任意识	
	积极乐观	对自己、对工作、对组织满怀信心，即使在困境中也保持乐观态度	
	善于学习	善于为聚焦解决问题而针对性学习，能总结分析，理解精髓活学活用，能把握泛读与精读的关系	
	成熟稳重	适时控制自己的情绪，处事机智、灵活、沉着、冷静	
	遵守承诺	不做无法兑现的承诺，一旦承诺就力求兑现	
	认识自己	能够正确评价自身能力、了解自身优势和不足，把握自己的定位，规划自我发展	

1.2.3 专业能力模型设计与评价

1. 专业能力模型设计

专业能力与员工所学专业和所从事的专业方向相关，在建立专业能力模型时，需考虑各专业的分类，进而建模、评价各类人员的知识水平、工具应用能力和解决问题能力等，为发现员工专业能力短板和针对性改进提供依据，如建立机械、电子和软件等专业的专业能力评价模型。

2. 专业能力的评价与结果运用

与通用能力的评价和结果运用类似，通过信息化手段，由评审组按不同的维度进行评价，评价结果用于确定专业技术人员的职级和职等，同时作为培训需求的输入。

1.2.4 能力评价结果运用

企业根据员工的不同角色和岗位特性，建立不同的能力模型，按照能力模型测评维度对各类角色进行评价，并分析评价结果，梳理各类角色的能力缺陷分项，作为员工培训培养的输入要素，进而有针对性地提升企业员工的能力，如图 1-3 所示。

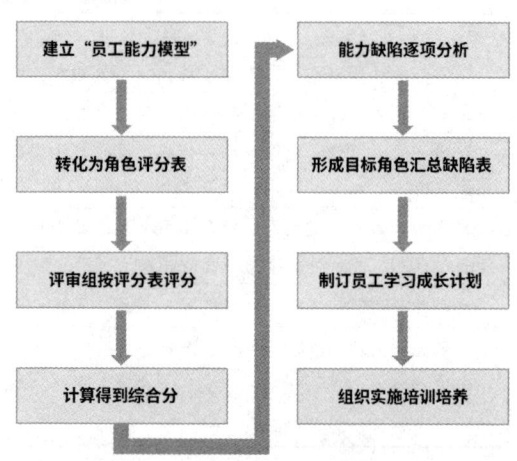

图 1-3 员工能力评价结果运用示意图

1.3 知识工程建设与应用

如何建立系统化的人才培养体系，形成人才培养的核心能力，如何让企业员工快速掌握所需要的知识，实现能力的提升，这些是企业在人才发展过程中需要解决的瓶颈问题。

前面我们讲了打通员工的职业发展通道，通过能力模型识别员工的优势和短板，本节将探讨如何围绕知识资源的整合，依靠数字化系统，建立系统化的人才培养体系，形成人才快速培养的核心能力，进而建立共享和持续学习的组织氛围，打造学习型组织。

建立学习型组织，鼓励员工积极参与企业内部管理改革与各项科研及经营活动，锻炼员工的创造力、创新思维及应变能力，从而有效改善企业内部工作氛围与文化环境，促进企业软实力的整体提升，实现人才效益的最大化。

1.3.1 培训需求分析

员工成长是紧紧围绕企业的发展战略展开的，人才需要培训、引导和教育。

1．霍尔模型

依据霍尔模型，人员能力可分为知识维、逻辑维和时间维，如图1-4所示。

（1）知识维

知识维是目前学生在学校学习的重点，是对各类知识的理解与运用。

（2）逻辑维

走上工作岗位后，为何难以较好地做到学以致用呢？这主要是因为缺乏做事的基本思路和方法，缺少逻辑维训练导致的。普遍的做法是依赖工作实践中师傅"传帮带"及依靠自身的能力去"悟道",因而成长缓慢。

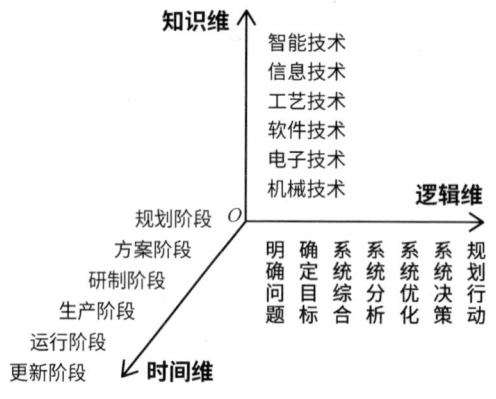

图 1-4 霍尔模型

（3）时间维

有了做事的方案还需要执行,执行力体现在沿着时间维的管控能力与效果上。项目管理、PDCA 循环便是计划执行的管理工具。

2. 培训需求框架

如图 1-5 所示,我们来分析各类人员的培训需求。

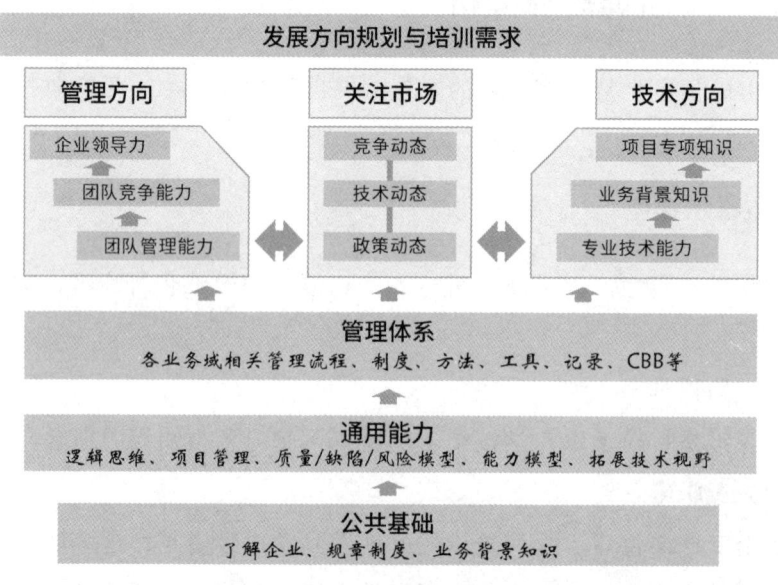

图 1-5 培训需求框架

(1) 公共基础：一般来说，对于新入职的员工，了解企业情况、规章制度以及业务背景知识是基础。

(2) 通用能力：在此基础上通过"逻辑思维"和"项目管理"等培训来提升逻辑维、时间维能力；通过构建"质量/缺陷/风险模型"并加以训练，提升员工做事的质量；通过"能力模型"的学习让员工认识自己；通过"拓宽技术视野"课程的学习，扩展知识面，提升系统性解决问题的能力。

(3) 管理体系：管理体系是工作的遵循与保障，每个业务域均应建立管理体系并被大家熟知与执行。

(4) 技术方向：各业务域均有知识维的要求。以技术研发为例，需要机械、电子、软件等专业知识；熟悉所从事业务范围的业务知识；精通在研项目的专项知识。其他业务域类同。

(5) 管理方向：从事管理岗位的干部，需要有团队管理能力、竞争能力，更高层次的领导应具备企业领导力。

(6) 关注市场：企业的工作是服务于客户与市场，大家应动态关注。

1.3.2 知识工程顶层框架

1. 知识获取、表达与应用

因人才断层现象而导致知识断层现象越来越严重，在工作过程中为了使员工岗位知识的输出得到有效的保存和积累，形成组织的资产，我们从知识获取、知识表达和知识应用三个层面来建立知识工程体系（见图1-6），打造具有开放、共享的组织文化，让知识和经验得以创新和传承。

2. 知识推送

当今，知识获取的渠道越来越多，企业员工已不再满足于传统的知识管理系统，新一代知识交流平台、知识智能化已成为一种新的需求。通过信息化手段，不仅能够有效地获取知识，同时也能通过文件与在研项目或工作流程的关联，将知识智能推送给相关使用者，加快知识转化，提高工作效率。

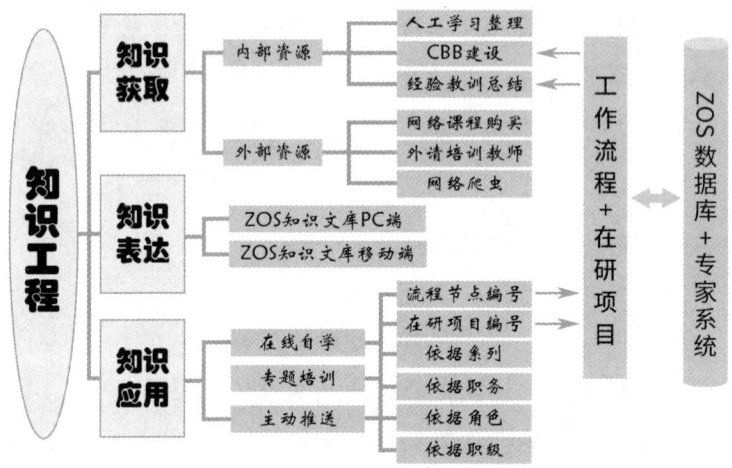

图 1-6　知识工程框架示意图

思考：有必要进一步在存储知识的文件中提取知识要点，做精准化的知识点推送吗？

我们认为是没有必要的，知识的学习需要同上下文一起才容易理解，把知识过分碎片化并不利于理解，且有可能导致断章取义。

3．逻辑维与时间维

逻辑维与时间维的培训材料本身也是一种知识，它存储于知识库，需要经过大脑吸收并转换为思维与执行力。

1.3.3　知识文库建设

基于知识工程顶层架构，结合数字化系统（Zemic_ZOS）的整体应用，以及公司的具体情况，搭建了以知识文库、师资建设、培训制度和培训管理为主线的体系框架。其中，知识文库是核心，是师资建设、培训制度和培训管理的基础。

结合各类人员的培训需求，从企业的公共基础、通用能力、企业管理、专业知识、项目专项、市场信息、分享平台、公共基础模块（CBB）和考试题库等方面，搭建了基于数字化平台的知识文库框架，同时支持在线学习、考试等，如图1-7所示。

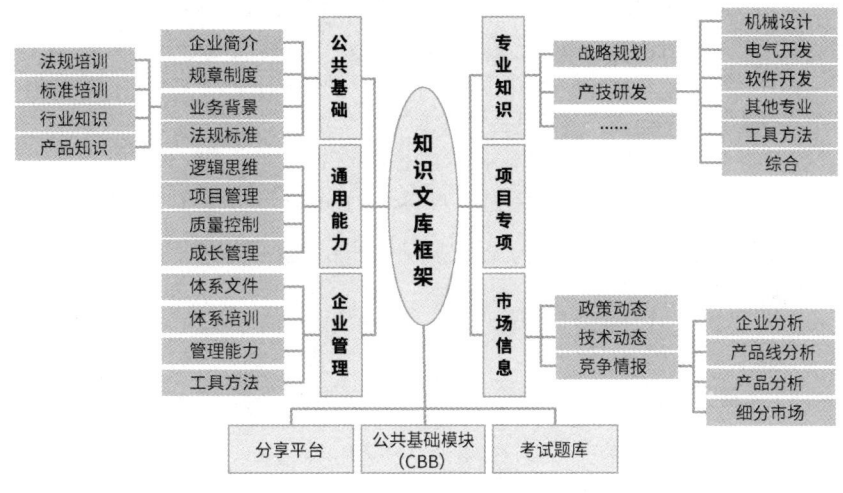

图1-7 知识文库框架

依据知识文库的内容框架，结合实际情况，设计所需要的培训课程，也可通过购置课程，丰富知识文库内容。为了规范管理各类课程，我们对列入知识文库的课程进行了8位编码管理：1位分类号（一级分类字母）+7位流水号。

1.3.4 课程设计

对照员工职业发展路径设计的职级体系，根据每一职级的任职资格和能力要求，可以分层级设计开发员工能力提升课程，当员工达到晋升职级的条件时，需完成晋升职级的必修课程，并通过课程训练，取得相应学分。以工程技术系列员工逻辑思维训练为例，助理级员工需通过逻辑思维初级课程训练，中级员工需通过逻辑思维中级课程训练，高层级员工需通过逻辑思维高级课程训练。

1.3.5 课程匹配与应用

将设计开发的课程或引进外部的优质课程，与培训对象的岗位建立关联关系，配合必修/选修课程和考核/考试形式，以此实现课程与培训对象岗位的匹配，应用线上与线下相结合的方式，达到如下目的。

1. 实现课程与岗位的匹配

知识体系中的课程按照专业、内容进行分类；分层则体现在培训对象的岗位/角色、职级不同，岗位要求随之不同，应知应会的内容也不同。

2. 实现知识与业务的关联

不同的课程对应不同的业务流程，可根据业务流程选择培训对象，以此实现课程与培训对象的匹配，如图 1-8 所示。

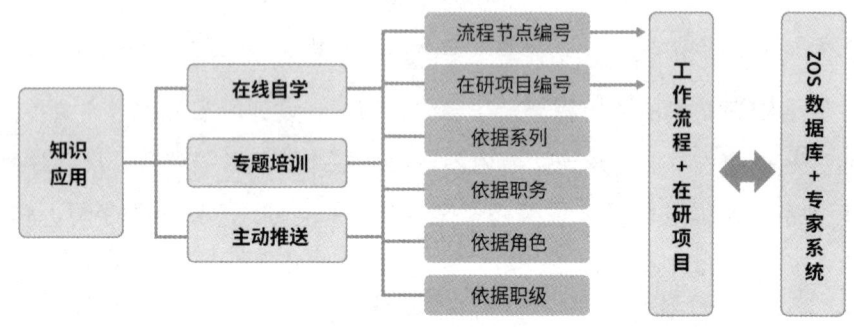

图 1-8　课程匹配示意图

3. 实现知识的主动推送与智能化应用

随着培训体系的不断完善和数字化系统（Zemic_ZOS）的不断升级，未来的课程匹配将向以下方向发展：

（1）与工作流程关联，提供主动推送服务。

（2）与在研项目信息关联，提供知识推送服务。

（3）与 Zemic_ZOS 数据库关联，获取工作相关信息。

（4）未来与 Zemic_ZOS 专家决策系统关联，推进智能化应用。

1.3.6 数字化平台支持

利用数字化平台，不断补充知识文库各模块，再将实际工作中积累的经验、教训等，通过归纳和总结，提炼成为提升工作效率的利器，这些转化和提炼都通过信息技术手段有效地展现出来，并实现将非结构化、零散的知识集成和整合，实现知识的存储、查询、推送等功能，为建立学习型组织奠定基础，如图 1-9 所示。

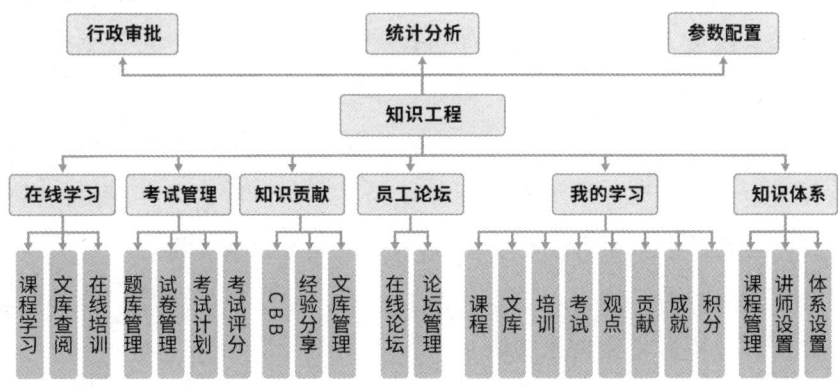

图 1-9　Zemic_ZOS 知识工程模块功能框架

1.4　能力提升训练实践

前面讲到了知识工程和培训体系，本节将着重介绍培训实施和具体实践。从新员工入职培训、在职员工培养以及干部梯队建设三个方面阐述实战训练和提升能力的路径。

1.4.1　新员工入职培训与能力提升

从企业的角度来看，新员工是企业的新鲜血液，新员工入职培训是其从学生转变成为员工的过程,也是员工从个体融入组织或团队并成为团队一员的过程。

1. 培训内容

对于新员工的入职培训,主要以知识维为主,旨在让新员工熟悉企业文化和适应组织环境,了解企业的基础业务和管理知识,明确自身角色定位,规划职业生涯发展,不断发挥自己的才能,从而推动企业的发展。

新员工的培训主要分为:综合类知识和专业类知识。综合类知识以企业战略文化、规章制度、产品与技术发展、逻辑思维基础训练等内容为主;专业类知识按员工的角色分类(如机械类、电子类、软件类等专业)开展专业知识、技能、工具和方法、设计、试验、仿真等培训。

以中航电测为例,公司自2017年开始,针对新入职员工开展为期15周的入职培训,主要以培训和实际操作为主,具体培训内容主要包括:

(1)公共基础:企业文化、规章制度、业务背景知识等。

(2)通用能力:逻辑思维(初级)训练、质量模型与管控基础、能力评价与学习成长、拓宽技术视野等。

(3)管理体系:研发管理体系建设、企业标准化管理、公共技术平台等。

(4)专业方向:专业技术能力、业务背景知识、项目专项知识(初级)、专业实训等。

2. 培训效果评估

新入职员工经过集中培训后,为了检验培训效果,需有针对性地开展效果评估,可结合员工职级职等的评定和月度、年度的考核结果予以评估,为新员工顺利迈入职业发展通道打下良好的基础,如图1-10所示。

3. 制订提升计划

通过绩效管理,坚持业绩导向,结合测评工具,分析和评价新员工的绩效与问题，帮助其找出差距根源、问题背景，指出改善提升方向，制订改进提升计划，帮助新员工成长。

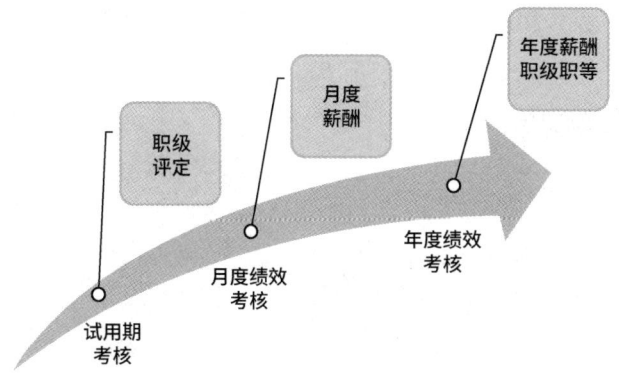

图 1-10　培训效果评估（示例）

1.4.2　在职员工培养与能力提升

在职员工注重中长期的培养和培训相结合，专项培训作为中长期培养的理论基础，结合个人发展计划（IDP），由组织为员工赋能。工程技术、管理和营销系列员工，除了日常培训，仍需要以在职的方式进行中长期的持续培养（如逻辑思维训练和项目管理实训，培养周期约为 1 年）。

1.　培养需求

随着行业发展和知识更新，对培训内容的更新和课程体系的迭代优化提出了更高的要求。针对员工岗位的核心职责，通过年度绩效考核、能力测评等途径，结合职级职等的动态调整，了解员工在能力方面存在的差距，按年度开展培训需求调研，综合分析调研情况，以此作为培养需求的来源，按照分层分类原则，梳理培养需求、明确培养对象、确定培养方向，有针对性地提升在职员工能力。

2.　培养重点

在职员工培养和训练的重点是逻辑维，通过强化逻辑维的训练，提升员工的学习能力，带动知识维和时间维的训练，经过一段时间的历练，将学到内容转化为工作能力，进而达到工作绩效的提升，如图 1-11 所示。

同时，需要不断地优化和完善知识体系，为员工提供持续学习和成长的驱动力，逐渐形成学习"自驱动"。

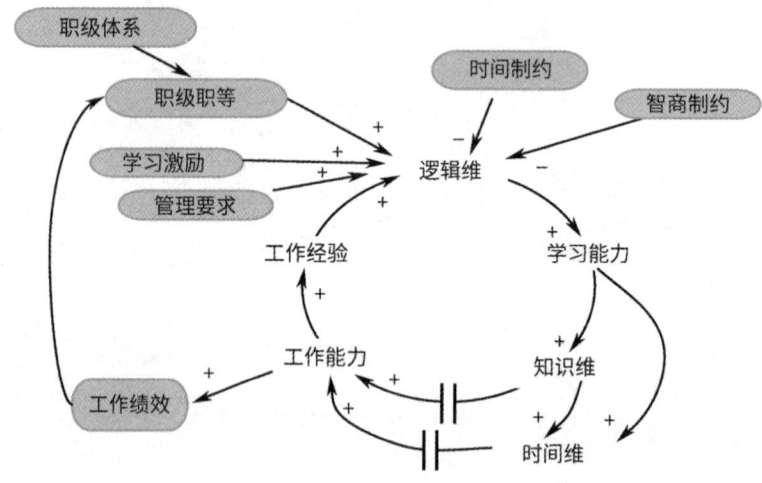

图 1-11　在职员工培养回路图

3. 培养内容与评估

在职研发系列员工的培养内容主要包含逻辑思维、项目管理（含研发质量控制）、风险/质量/缺陷模型、拓宽技术视野、复盘课程及研发体系课程学习，以及基本管理能力训练等，技能类知识培训由各经营单位自行训练。

对在职员工培养效果进行评估，一方面在培养结束后进行考核，另一方面需要结合持续跟踪情况，考核培养的内容在实际工作中的效果，以及在目标实现过程中发挥的作用。

1.4.3　干部梯队建设与能力提升

1. 干部队伍建设需求

干部是企业的中坚力量，在企业中肩负着不同程度的领导责任，发挥着引领作用，一支高素质、专业化的干部队伍，将会直接影响组织的整体工作水平。随着时代的发展，知识的增长和更新迅速，干部队伍更需要持续地学习和成长，干部的队伍建设也显得尤为重要。

2．培训内容与评估

干部培训除了包含在职员工的培训内容，还应该注重提升其履职能力和领导水平，尤其体现在团队管理能力、团队竞争能力和企业领导力等方面的培训，如表 1-5 所示。

表 1-5　干部培训内容（示例）

分类	子类	培训课程	培训对象
通用能力	逻辑思维	逻辑思维训练（高级）	中高层干部
	项目管理	实战训练	所有干部
	成长管理	拓宽技术视野	所有干部
企业管理	体系培训	运营体系构建与管理提升	中高层干部
		产品发展战略规划	中高层干部
	管理能力	领导力模型	中高层干部
		沙盘、复盘	所有干部
专业知识	战略规划	企业决策与战略管理	中高层干部
	党群文化	党务知识	视具体情况匹配
	其他	财务管理	
		人力资源管理	

对干部的培训效果进行评估，更加注重理论联系实际的情况，如以项目或工作内容的完成情况，以及团队整体业绩的完成情况作为干部培训效果评估的主要依据，最终形成知识结构合理、能力表现均衡的干部梯队。

3．打造年轻管理梯队

年轻管理团队是干部队伍建设的后备力量，需要建立针对性的课程体系，从任务管理、专业建设和团队建设等方面进行系统训练，加强推动执行、沟通协调和团队管理训练，提升管理者的系统思维和创新思维能力。

1.4.4 能力进阶

通常情况下,认知事物分为三个层面:

(1)信息层面:事物是怎样的?都有哪些事物?

(2)逻辑层面:为什么是这样的?什么原因导致了这样的结果?各要素间的关系怎样?

(3)假设层面:逻辑思考的起点是什么?

人们认知事物通常仅限于信息层面,无法深入到逻辑层面和假设层面,类似于只见树木,不见森林。针对此类问题,企业应基于培训体系的搭建,结合逻辑思维训练手段,按照点状思维→线状思维→面状思维→系统思维的能力进阶路径,以期透过现象看本质。

为了提高企业的核心竞争力,加强对员工的培养是重要的途径,尤其是系统性地开展培训工作,让员工的能力得到提升,思维意识得到增强,为企业创新和发展提供人才保障和智力支持。

1.5 绩效管理与职级调整

近年来,许多企业都在不断探索绩效管理的方法和工具,其核心主要围绕着为员工指明工作目标和方向,确保职责履行与企业目标一致。运行良好的绩效管理体系不仅能给优秀的员工提供最大的价值回报,还能给他们提供更大的成长空间。

对企业而言,通过分析影响绩效的因素,找出不利的关键因素,寻找解决办法,进一步完善管理机制,提高企业的经营管理效率;除此之外,还能找出员工在能力、知识等方面的缺陷,实施指导和改进,促使他们提升能力,从而提高工作效率。

1.5.1 建立绩效目标体系

企业要想实现员工成长和效率提升的目标，在绩效管理环节中，首先要考虑建立一套自上而下分解、自下而上支撑的目标体系。

自上而下的目标是将企业总体战略目标分解为年度经营计划，由企业内部组织予以承接，形成组织目标，员工按照岗位职责，分解、落实组织目标，形成个人年度绩效目标，从关键指标设定、基于岗位职责的改进提升和重点项目等维度，制订员工的工作计划并推进执行，形成员工绩效，如图 1-12 所示。

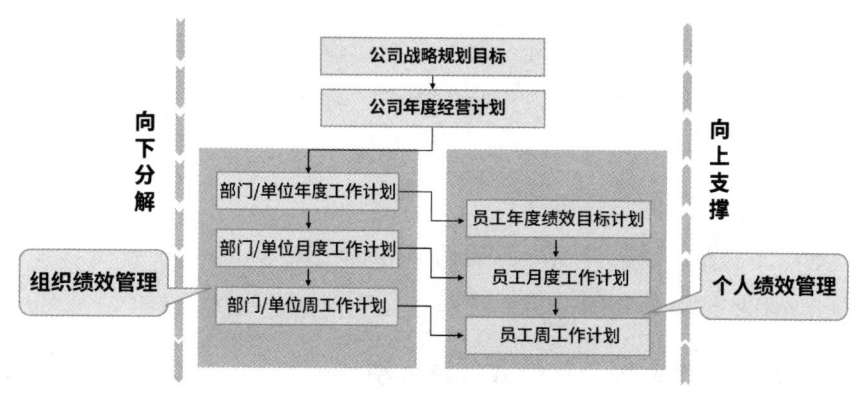

图 1-12　绩效目标示意图

1.5.2　分层分级开展员工绩效评价

1. 绩效评价存在的常见问题

（1）非量化考评结果受主观因素影响

考评人对员工的某些深刻印象，会冲淡或掩盖该员工其他方面的特征，这是管理学中晕轮效应的体现；同时，考评人可能倾向给予同样为公司服务年限较长、担任职务较高的员工较高的分数。

（2）非量化考评评分标准有偏差

如果考评的维度不清晰，打分的标准不统一，则会导致考评人的评分标准出现偏差。

（3）量化考评的偏差

量化考评的偏差主要来自工作分配中对工作量和工作难度的估算，需要不断积累经验，逐渐分类构建定额标准。在量化考核准确度较低的初期，以非量化考核为主；待量化考核可信度逐渐提升后，逐步加大量化考核权重。

2．量化绩效的原则

（1）确定明确清晰的指标，指标尽可能覆盖工作过程和成果。

（2）利用信息化手段，采集指标数据，真实可靠。

（3）考核计算方式自动快捷、简单易操作。

（4）具有量化的管理标准。

（5）与个人职级职等或职务的调整关联。

（6）考核结果做趋势分析，让员工产生前进的动力。

3．设计技术系统量化绩效考核体系

以工程技术类人员的考核为例，用数字化手段，构建以量化为主的考核体系，并开展考核、分析等工作，如图 1-13 所示。

4．建立绩效评价模型

推进可量化的绩效考核评价工作，包括月度绩效评价和年终综合评议，月度绩效评价与员工月度绩效薪酬相关联，年终综合评议关联员工职级、薪酬、培训、岗位调整等内容，对于高职级人员更加偏重年终综合评议结果，而对于中低职级人员则更加偏重月度绩效评价结果，如图 1-14 所示。

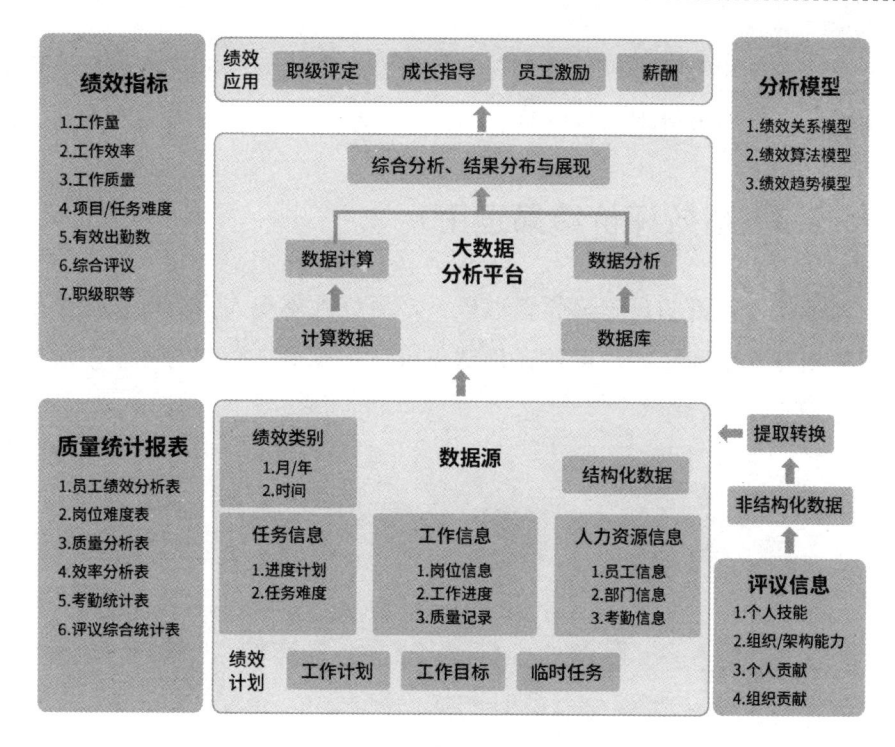

图 1-13　绩效管理模型

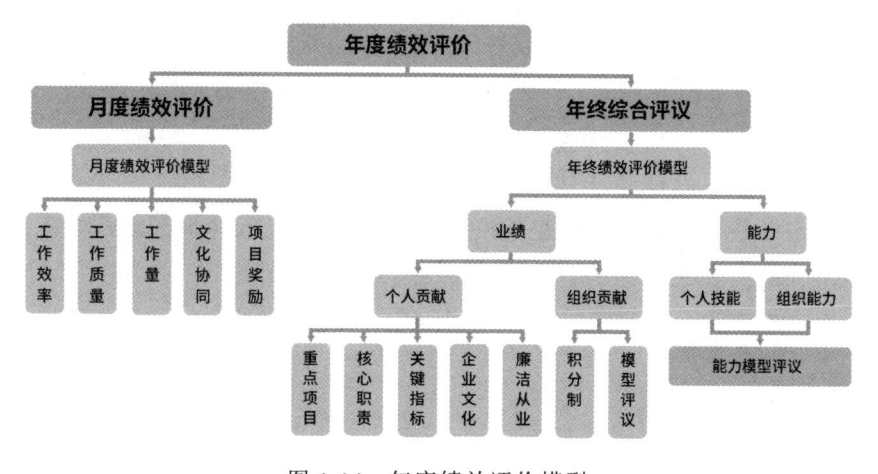

图 1-14　年度绩效评价模型

绩效管理是 Zemic_ZOS 人力资源模块的一项功能,可根据绩效评价模型,按月度或年度的考核方式,对被考核人员的绩效信息进行采集、整理、计算和分析,最终得到相对科学和有效的考核结果;通过数字化手段,避免人为过多参与考核过程，将主观因素降至最低，同时，可对考核结果进行分析，提升绩效管理的科学性。

1.5.3 绩效评价结果运用

为了建立完善的员工成长管理体系，更好地展现人力资源管理各模块之间的相互联系和影响，绩效评价结果可运用至员工管理的各个模块，如图 1-15 所示。

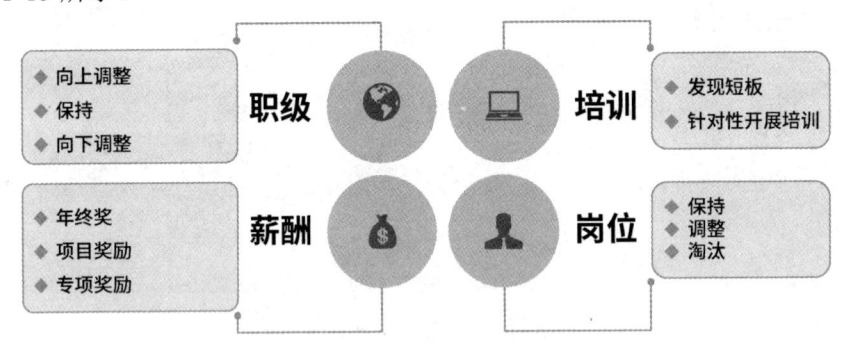

图 1-15 绩效评价结果运用

1. 职级调整

企业对员工进行绩效管理，根据员工的年度绩效考核结果进行职级职等的动态调整，主要依据员工年度个人"业绩-能力"评价结果，综合衡量同职级人员的业绩和能力，合理调整员工的职级职等。

2. 薪酬激励

（1）月度绩效

员工月度绩效考核结果与其月度绩效系数建立对应关系，作为发放月度绩效工资的依据。

（2）年终奖励

员工年度绩效考核结果与其年终绩效建立对应关系，作为年终绩效奖的发放依据。

3．培训培养

当员工能力测评出现短板时，则作为员工培训培养的需求输入。

4．岗位调整

当员工业绩较差时，其绩效考核结果则作为岗位调整或淘汰的直接因素。

第 2 章　职场立身处世

个人综合素质是指一个人的知识水平、道德修养以及各种能力等方面的综合素养，它的全面提高是社会发展的一般要求和趋势。个人综合素质是决定个人成败的关键，提高企业员工整体素质水平是企业发展的基石，是建立企业竞争力的关键。

建立并运用适合各系列人员的通用能力模型及针对具体系列的专业能力模型，快速识别员工的优势和短板，并以此为依据有针对性地开展培训，让员工能够快速提升能力水平，实现自我价值。做事先做人，本章讲述通用能力模型中立身处世之道：品德涵养、沟通协调、团队协作。

2.1　品德涵养

品德，即道德品质，也称德行或品性，是个体依据一定的道德行为准则行动时所表现出来的稳固的倾向与特征。

涵养是指能控制情绪的修养功夫，大多指在修身养性、道德、学问等方面的修养。

品德涵养如表 2-1 所示。

表 2-1　品德涵养

序号	能力项	目标
1	品行修养	品德高尚、不自私、不偏执极端、为人宽容大气、懂感恩、孚众望；勇于承认与改正错误，自身具备主动担当的责任意识
2	积极乐观	对自己、对工作、对组织满怀信心，即使在困境中也保持乐观态度
3	善于学习	善于为聚焦解决问题而针对性学习，能总结分析，理解精髓，活学活用，能把握泛读与精读的关系

续表

序 号	能 力 项	目 标
4	成熟稳重	适时控制自己的情绪，处事机智、灵活、沉着、冷静
5	遵守承诺	不做无法兑现的承诺，一旦承诺就力求兑现
6	认识自己	能够正确评价自身能力，了解自身优势和缺陷，把握自己的定位，规划自我发展

1．品行修养

（1）不自私

培养习惯、性格，需从小抓起；性格是从小养成的，日常行为的反复重复→养成习惯→形成性格→性格决定命运。要想成大事，就要在权、名、利面前能控制自己的私欲。

① 重理想轻利益：一个人拘泥于蝇头小利，只会使自己委琐不堪，组织不敢重用，朋友也会远离；在追求理想的道路上，为企业作出卓越贡献，利益自然会伴你而来。

② 重品德轻荣誉：品德植根于人的内心，可以彰显人性的伟大，品德高尚的人才能凝聚团队，创造未来，作出贡献；荣誉是组织对你作出贡献的肯定。

③ 重付出轻回报：人的伟大就在于奉献，当你作出了贡献，自然也会获得相应的物质与精神回报，反之事事为利便会失去大家的信任，失去事业的舞台。

（2）不偏执极端

做事"度"的把握能力，是衡量处世水平的"尺"。

① 把握"度""火候"是人生的最高境界，即灵活应变、认识与把握边界的能力。

② 量化、确定性是相对的，而事物随对象、时间、环境的变化是绝对的，所以要不断地调整"边界"，作出决策。

③ 遇事要冷静，懂得包容，倾听时正确理解对方的意图（善意、恶意），说话时注意语气、语调，投资时兼顾眼前与长远利益的平衡。

④ 不要以偏概全。

⑤ 懂得适者才能生存，人们心目中十全十美的工作与生活环境并不存在，从内心中去抗拒环境，愤世嫉俗于事无补，只能给自己添加各种烦恼；没有能力时就去适应环境，有能力时便去影响环境，当然更希望你能成为有能力改变环境的人。

（3）懂感恩

只有懂感恩，未来的路上才会有人愿意陪伴。与亲朋、团队成员相处，要明白：

① 没有人应该帮谁做事，要懂得感恩在成长道路上帮助过自己的人。

② 对于曾经一路给予自己帮助的人，因某件事令人不满意，应该懂得理解与忽略，这样才能使友谊长存。

2．积极乐观

对自己、对工作、对组织满怀信心，即使在困境中也保持乐观态度。

① 面对困难，不轻言退缩，人生就是在不断挑战中成长的。

② 面对压力，要学会自我调节，善于将压力转变为动力，不断进取。

③ 遇到不如意的事，要学会面对，不要轻易发牢骚，要冷静思考，寻找解决的办法。

④ 工作中要细致，生活中要学会糊涂，处理好工作与生活的关系。

3．善于学习

爱学习不等于善于学习，要善于为聚焦解决问题而针对性学习，能总结分析，理解精髓，活学活用。

（1）工作阶段的泛读与精读

在工作阶段，能把握泛读与精读的关系，注重学习的实效性。

① 泛读：平常阅读以浏览、总结、领会思想、扩展知识面为主。

② 精读：需以目标为导向，遇到问题，寻求解决方案，提升专项能力，防止出现知识广博但因学习不聚焦而贡献微小的情形。

（2）工作中的活学活用

学习中要注意时效性及环境适应性；要透过表面的"形"去理解背后的本质，汲取精华，为我所用；需重点观察、思考与我们应用场景的差异性，制定适合自己的方案，不能盲目照搬。

4．成熟稳重

适时控制自己的情绪，不乱发脾气，处事机智、灵活、沉着、冷静。

① 临危不乱、遇事不慌、不乱发脾气，只有遇事镇定，才能从容应对。
② 从多个解决问题的方案中选择最优解，尽量减少损失。
③ 凭借丰富的经验，灵活巧妙地处置问题。

5．遵守承诺

不做无法兑现的承诺，一旦承诺就力求兑现。

① 守时守约是做人的基本要求，也是职场工作的基本准则。
② 口头承诺之前要深思，尤其在酒后，要理性控制自己，一旦承诺就要尽量兑现，失信于人将导致以后的工作举步维艰。
③ 书面承诺（协议、合同等）事先做好法务审查，事后要履约执行，否则将导致法律纠纷，在职场中失去"信用"这个立身之本。

6．认识自己

特里法则：真正的错误是害怕犯错误。

美国田纳西银行前总经理特里

承认错误是一个人最大的力量源泉，因为正视错误的人将得到错误以外的东西；拒绝承认与改正错误将使自己被封闭，失去成长机会。

要注意克服人性的弱点，放下所谓的"面子"，从内心打破对自己弱点的"保护层"，能够正确评价自身能力，了解自身优势和缺陷，把握自己的定位，规划自我发展。

① 在评论他人不足时，先反思自己是否存在同样的问题。

② 在听取他人对自己的批评时，要认真检视自己；良药苦口、忠言逆耳，要理解只有真正关心自己成长的人，才会给出善意的忠告。

③ 敢于直面自己的问题，将每一次发现问题与改正错误都当作是一次自我提升，勇于自我剖析与改进，也将赢得他人的尊重。

④ 改正错误从承认错误开始，敢于认错，其本身就具有很大价值，承认错误越及时，就越容易改正和补救。主动认错比别人提出批评后再认错更能得到谅解，承认错误并不是什么丢脸的事，在某种意义上，它还是一种具有"英雄色彩"的行为。

⑤ 细心筹划，但需大胆行动、不怕犯错。

2.2 沟通协调

智商决定你的下限，情商决定你的上限，你说话让人舒服的程度决定你所抵达的高度。

管理者的基本能力：有效沟通。（L.威尔德）

管理就是沟通、沟通、再沟通。（杰克·韦尔奇）

蜂舞法则：管理到位，沟通先到位。

奥地利生物学家弗里茨

管理中大量错误是由于不善于沟通造成的，沟通是一种把组织的成员联系在一起以实现共同目标的手段。管理者要像蜜蜂采蜜一样，汲取各种沟通方式的精华，将"蜂舞"融入自己的管理艺术中。

（1）如果管理者不善于沟通，则听不到真实的声音，会使决策偏离方向，与员工之间失去亲和感，团队失去凝聚力。沟通力决定领导力，决定企业兴衰成败。

（2）如果成员不善于沟通，则难以融入团队，这样会限制个人才能的发挥，进而影响自己的成长高度。

（3）沟通要广泛地听取不同的意见，从中启发自己的思维，检视自己思维的漏洞。

职场中,涉及沟通协调方面的主要内容如表 2-2 所示,通过沟通协调,希望能实现"有效果沟通→有效率沟通→有笑声沟通"。

表 2-2 沟通协调

序 号	能 力 项	目 标
1	礼貌表达	能礼貌待人与表达,举止大方、不张扬、不拘谨、无怪癖、不过激
2	交流顺畅	倾听与正确理解对方意见,在谈话中不随意打断别人,双向交流顺畅
3	沟通技巧	幽默、机智、风趣、知识面广,表达得体、气氛融洽
4	讲解能力	讲解内容:面向对象、主题明确、结构清晰、主次分明、逻辑严密 讲解技巧:问题导出、答疑解惑、音速适中、互动风趣、掌控时间
5	社交能力	掌握接待与交往礼仪,具有三分侠气、广交朋友的能力
6	解决冲突	站高望远、善于观察、对症下药、运用技巧、说服他人、解决冲突

1. 礼貌表达

(1) 基本礼仪

与人打交道需要学习最基本的礼仪,如:

① 接待客人:见面打招呼、车辆接送、电梯进出、客厅招待、餐饮文化等。

② 仪容仪表:穿着得体,站有站相、坐有坐相。

③ 礼貌交谈:保持适当的距离,注意眼神、表情、语音、语调等自然状态;要精力专注、尊重对方,不要表现得漫不经心。

④ 克服不良习惯:如说话时抖腿、摸鼻子等,避免使用粗俗的语言。

(2) 谦虚沟通

卢维斯定理:谦虚不是把自己想得很糟,而是完全不想自己。

美国心理学家卢维斯

① 做人首先要谦虚,如果把自己想得太好,很容易将别人想得很糟;要消除自我中心思维,学会倾听,善于从他人身上汲取养分。

② 谦虚要有个度,谦虚不是把自己想得很糟,更不是装傻,是需要实事求是的态度。

③ 要谦虚学习,尽责工作,但不能因过分谦虚而失去显示才华的机会;谦虚是完全不想自己,是真诚地与他人探讨交流问题。

(3) 平等沟通

位差效应:没有平等就没有真正的交流。

美国加利福尼亚州立大学

只有平等沟通,才能迅速让下情传递至上层,上意传递至下层;否则就会在上下级之间形成鸿沟,阻碍信息的传递。

① 作为较高层次的管理者,应努力坚持走群众路线,注重实际和调查研究,主动与下属沟通。

② 管理者应加强自身民主意识的修炼,平易近人、谦虚谨慎,让员工愿意与自己沟通,听到真话。

③ 员工应增强自我心理素质的培养,尊重领导并不等于自己需要低头交流,面对领导要学会平视交流,过分紧张会影响交流效果。

2. 交流顺畅

(1) 学会倾听

倾听与正确理解对方意见,在谈话中不随意打断别人,双向交流顺畅。能使耳朵值钱的不是金坠子,而是倾听。与"话霸"在一起你会觉得很累,就是因为他只顾输出,忽略输入,无法实现双向正常交流。

斯坦纳定理:说得越少,听到得就越多。

只有很好地听取别人的,才能更好地说出自己的。繁体字的"听",是要用"耳朵"+"眼睛"+"一颗心"的。然而,在很多人的脑海里,"沟通"似乎就是一种"动态"的过程,而"倾听"这一"静态"过程就被忽视了。说得过多了,说的就会成为做的障碍,弄不好还会引火烧身,如繁体字的"谈",它是由"言"+两个"火"组成的,如图2-1所示。

① 多听、多做、少说是一个人成熟的表现;兼听则明,偏听则暗,要善于倾听不同的声音,不断提升自我认知。

② 虚心倾听别人的意见是一个人进步的必要条件;倾听不是说要按别

人的意见执行，而是转换成自己的认知后再作出决策。

③ 会议上，自己有想法，要想好后再发言；注意，会议前、中、后段发言，会有不同的作用与效果。

④ 日常沟通时，一定要注意不能轻易打断对方的讲话（除非对方太啰唆或跑题等），相互抢话题会导致无法有效沟通；发言方要注意语言紧扣主题，表达简练、准确、清晰，让对方能有效地获取信息。

聽　談

图 2-1　"听"与"谈"的繁体字

（2）消除认知不当

① 近因效应：是指最新出现的刺激物促使印象形成的心理效果。

② 晕轮效应：又称成见效应、光圈效应，指人们在交往认知中，对方的某个特别突出的特点、品质，会掩盖人们对他其他品质和特点的正确了解。

③ 定式效应：是指有准备的心理状态能影响后继活动的趋向、程度以及方式。

（3）注意控制情感

如控制压抑急躁、激动兴奋、骄傲自大等。

（4）注意沟通态度

如不要卑躬屈膝、不能盛气凌人等。

3．沟通技巧

（1）自我控制、有效调节

比如小明看到某个心爱的物件（无法正常获得）心动不已，想占为己有，按弗洛伊德对意识与潜意识关系的描述，可分为：

① 本我：小明将会遵从本能，意图将其占为己有。

② 超我：从道德、法律的层面出来干预、阻止。

③ 自我：面对冲突时，将会出面，选择折中的办法，如上前细看、欣赏等。需要加强自我修炼，提高修养，让"自我"能起到有效调节作用。

（2）沟通法则

常用的沟通法则有目标法则、文化筑巢法则、因地制宜法则、换位思考法则、知识共享法则、倾听法则、二八原则、双赢法则等。

① 换位思考法则。在团队中，很多人都会对自己所负责的工作给予足够的关注，但是对于需要协调其他团队配合或者跨部门工作的时候，就容易出现以自我为中心的情况。这时，沟通就容易出现僵局，需要学会换位思考，从对方的角度去审视与分析问题，这样会更容易达成共识，促进沟通。

② 知识共享法则。知识和信息是团队有效运作的基础，团队成员只有掌握了必需的知识和团队内外的信息后，才能充分挖掘自己的潜力，发挥自己的聪明才智。因此，建立知识和信息共享的沟通渠道，开展各种有效的培训、交流，是团队管理中的重要工作。

③ 双赢法则。在团队成员的沟通中很多人为了坚持自己的观点，常常一开口就会拒绝或否定对方，这往往会让沟通陷入僵局。相互间要达成共识，需要兼顾双方利益，为此需要懂得适当作出让步，要用"双赢"的沟通方式去求同存异，达到良好的沟通目的。

（3）提升沟通水平

要达到人际关系融洽、团队协作顺畅、客户关系良好，并具有说服他人解决冲突的能力，需要广博的知识、敏锐的嗅觉、灵活的思维，懂得随机应变、目标导向、运用技巧去解决问题。

（4）幽默的力量

幽默使人深具内涵、乐观豁达、灵活通达、轻松快乐。不仅能用幽默缓解自己的压力，更要善于运用幽默化解人际交往中的尴尬，增强人与人之间的亲和力。

4．讲解能力

（1）讲解内容

① 面向对象：确认讲解对象，分析对象需求。

先搞清给谁讲：是给领导讲还是给技术人员讲？

再思考兴趣点：听课人想知道什么？对什么感兴趣？

② 主题明确：明确沟通目标，拟定讲解主题。

先确定讲解目标：思考与明确本次讲解想要达到的目标效果。

再构思主题内容：围绕目标，拟定主题，构思内容。

③ 结构清晰：指讲解的内容编排有序、条理清晰。

④ 主次分明：说清重点问题，淡化一般问题。试图事无巨细地去表达，其结果基本等效于没有表达，因为大量的细节淹没了关键点，使人辨识困难。

⑤ 逻辑严密：逻辑关系清晰，逻辑顺序正确，能承上启下，环环相扣。

（2）讲解技巧

① 问题导出：事件发生的背景、原因、造成的影响是什么？存在什么问题？想表达或解决什么问题？

② 答疑解惑：怎么解决，即解决方案与措施是什么？听众的目的是解惑，讲解的目的就是答疑，为听众解惑。

③ 音速适中：声音适中，让人舒适；语度适中，让人思考与理解。

④ 互动风趣：讲解轻松、自然、幽默；注意肢体语言，如眼神、手势、表情的自然配合；适当互动、问答，引发思考。

⑤ 掌控时间：时间的控制是一个难题，但超时的演讲会挤占他人的时间，在投标、课题评审汇报等严格要求控制时间的场合会被强行中断，致使无法完整汇报内容，从而造成损失。

可以尝试着用二分法去调节控制时间，长时间作报告或讲座时，可以运用结语调节时间。

5．社交能力

掌握接待与交往礼仪，具有三分侠气、广交朋友的能力。

社交：在一定的历史条件下，个体之间相互往来，进行物质、精神交流的社会活动。

（1）社交的本质目的

① 共情社交：由于情感、兴趣、消磨时间等需要开展的社交。

② 功利社交：由于学习、交换、利益等开展的社交。

（2）社交注意事项

① 选对交往的对象，明白近朱者赤、近墨者黑。

② 清楚交往的目的，避免或减少无效社交活动，多做有用功。

（3）商务公关

企业高层需要组织开展对外公关，广泛参与行业活动，维护相关行业社团之间的关系，及时获取市场信息情报。

6．解决冲突

（1）面对冲突时的常见反应

面对日常生活和工作中的冲突，一般人会有以下几种反应：

① 回避：消极地回避冲突。

② 迁就：抑制自己的需求去满足他人的需求。

③ 强迫：迫使对方满足自己的需求。

④ 妥协：双方各让一步，采用一种中庸的方案。

（2）有效的解决方法

冲突调解与公共对话专家达纳·卡斯帕森：以上反应都是无效社交方式，只会让冲突更加激化。真正有效的解决方式是协同，即通过坦诚沟通，了解双方的差异所在，并努力找出双赢方案。

2.3 团队协作

现代企业竞争的核心是人才竞争、团队竞争。

企业由员工组成,需要将员工组合成各种专业团队去协同完成企业的各种任务。企业要发展,须推动组织的持续成长,就要推动创建高绩效团队。

团队协作如表 2-3 所示。

表 2-3 团队协作

序 号	能 力 项	目 标
1	融入团队	善于交流、关系融洽,积极参加团队活动
2	人格魅力	乐于学习、传授知识、帮助他人、带动团队;是团队成员的教练、顾问和老师,是团队事业与生活上的精神支柱
3	营造氛围	少计较个人得失、多思考团队利益;少指责抱怨,多支持鼓励;少纠结过去、多思考未来;营造良好的团队氛围,形成正能量
4	民主集中	集思广益,充分听取意见,发挥每个人的积极性;善于总结分析,形成独立与正确的判断
5	授权激励	了解团队每一名成员的强项和弱项、性格的优缺点,并善于扬长避短,发挥每个人的优势;善于授权,给员工机会和空间从事工作,提供成长的机会;能制定明确的目标及激励措施,激励团队成员实现目标
6	人才培养	了解团队成员的发展需求,能建立团队所有成员学习、培养计划;注重后备人员的挖掘和培养;培养团队成员有责任感、敢承担、工作积极主动的作风

1. 融入团队

团队(Team)是由员工和管理层组成的一个共同体,它合理利用每一个成员的知识和技能协同工作,解决问题,达到共同的目标。

(1) 团队是个人成长的舞台

① 你有多少能力不是最重要的,最重要的是谁认可你,谁愿意用你。

② 聪明的人懂得融入团队,因为他们明白,人在职场中成长的过程其实就是被团队认可和接纳的过程。

（2）保持团队关系融洽

① 用心做事、低调做人，放弃个人好恶，积极参加团队活动。

② 做事讲究分寸，要有度量，要有一颗公心。

2．人格魅力

乐于学习、传授知识、帮助他人、带动团队；是团队成员的教练、顾问和老师，是团队事业与生活上的精神支柱。

（1）人格魅力

人格是指人的性格、气质、能力等特征的总和。

人格魅力是指一个人在性格、气质、能力、道德品质等方面具有的很能吸引人的力量。

一个人能受到别人的欢迎、容纳，那么他实际上就具备了一定的人格魅力。美国著名成功学大师拿破仑·希尔博士有句名言：真正的领导力来自让人钦佩的人格。

（2）管理者的人格魅力

所谓管理者的人格魅力是一种权力之外的对他人的影响力，是与职责、职位无关的影响力，它深入人心，更持久也更有效。

一般来说，管理者的人格魅力体现在以下几个方面：

① 信仰坚定，有矢志不渝的坚毅力。

② 品行端正，有才学超群的吸引力。

③ 宽以待人，有严于律己的亲和力。

④ 沉着果断，有潇洒自如的决断力。

⑤ 举止得体，有平易近人的感染力。

（3）人格魅力的提升方法

管理者的人格魅力不是与生俱来的，而是经过后天的磨炼和修养形成的。每个人都有自己的历史，或辉煌或黯淡，既不要满足于过去的辉煌，也不要沉浸在过去的苦难悲伤当中；要面对现实，把握现在，从小事做起，从我做起，方能有所作为。

在日常工作生活中，尝试着从沉稳、细心、胆识、大度、诚信、担当等 6 个方面去历练提升人格魅力。

【思考】

在团队中你受欢迎吗？

若你没有了职务，团队成员还会自愿追随你吗？

3. 营造氛围

少计较个人得失、多思考团队利益；少指责抱怨，多支持鼓励；少纠结过去、多思考未来；营造良好的团队氛围，形成正能量。

积极的团队氛围是自由、真诚、平等的工作氛围；与同事、兄弟团队、上司（经理）相处融洽，有集体认同感；要充分发挥团队合作，共同达成工作目标，在工作中形成共同实现人生价值的氛围。

（1）避免抱怨

你与兄弟团队关系融洽吗？常指责抱怨吗？矛盾的焦点一般会是哪个部门？

常见抱怨与主要原因如图 2-2 所示。图中描述了营销、客户服务对其他部门，质量对营销、技术、制造部门，制造对营销、技术部门，技术对营销、制造、客户服务部门的抱怨；最终抱怨的焦点便是技术部门的产品研发质量跟不上的问题，而研发质量跟不上的根本原因又是什么呢？是人力资源无法支撑。

相互抱怨解决不了问题，只会激化矛盾，只有跨团队协作，共同分析原因，才能最终解决问题。

（2）杜绝"五官争功"

五官争功，贬低他人是团队中常见的一种现象，有了问题则常常下意识地归入外因，有了功劳则归入内因，这样便在团队内、团队间产生摩擦，消耗企业有限的资源。

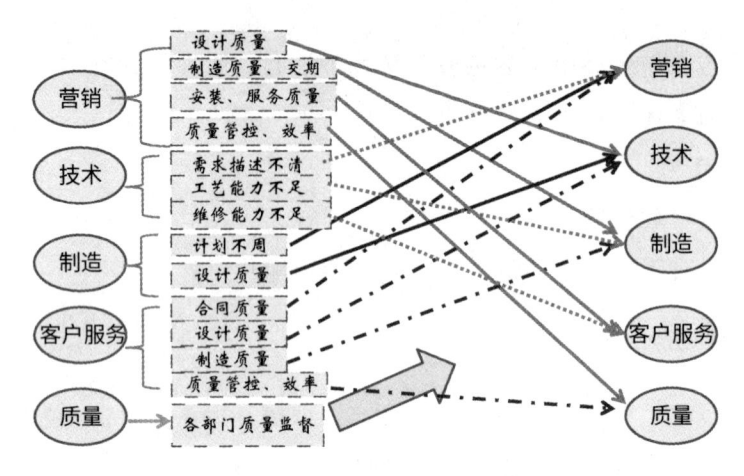

图 2-2　常见抱怨与主要原因

【思考】

若你手下人爱计较得失你会重用吗？你该怎样处事？

邀功争宠能达到目的吗？真正作出了贡献大家能看不见吗？

（3）相互理解

在目前人力资源无法满足发展需要的情况下，没有人能保证不出疏漏，将来也仍然会出疏漏。懂得相互体谅、积极协同，共同促进员工成长与管理水平提高，建立信心，塑造正气。

4．民主集中

集思广益，充分听取意见，发挥每个人的积极性；善于总结分析，形成独立与正确的判断。

民主集中制包括民主和集中两个方面，二者密切相关。民主是集中的基础，只有充分发扬民主，才能达到正确的集中；集中是民主的指导，只有实行高度集中，才能实现真正的民主。

（1）听取正反面意见

托利得定理：思可相反，得须相成。

　　　　　　　　　　　　　　　　　　法国社会心理学家托利得

测验一个人的智力是否属于上乘，只看脑子里能否同时容纳两种相反的思想而无碍于其处世行事。两种正反思想共存，说明你能够听取不同意见，能把反对意见加以分析，从而对决策起到积极的作用。管理者要多方听取下级的意见，征求各方建议，以此来提高自己的决策和管理水平。兼听则明，偏信则暗。

（2）真理越辩越明

波克定理：无摩擦便无磨合，有争论才有高论。

美国庄臣公司总经理詹姆士·波克

如果没有不同意见，就不要忙于作决定。只有在争辩中，才可能诞生最好的主意和最好的决定。管理者在进行决策时一定要集思广益，鼓励大家提出反对意见和不同看法，正所谓真理越辩越明。

① 不是寻求意见一致，而是必须找出不一致的意见。（彼得·德鲁克）

② 通过反面思考，检视思维漏洞。

（3）作出决断

管理者组织民主讨论是为了广泛听取意见，以便检视自己思维的漏洞，并不是简单的少数服从多数；大部分人认识事物的层面是在信息层面，管理者一定要基于事物本身的逻辑，透过现象看本质，作出正确的决断。

① 自己专业领域内，确认能掌控的事，要有主见，须果断决断。

② 自己专业以外的事，要尊重相关领域专家的意见，而不是凭自己非专业的主观臆断。

③ 对于处于灰色地带的问题，需要再次听取专业人士的意见，反复论证，再行决断。

5．授权激励

管理者的基本素质之一，就是对奖励与惩罚员工的方法了然于胸。卓越领导人懂得如何激励，并能尽量消除奖惩带来的消极影响。

了解团队每一名成员的强项和弱项、性格的优缺点，并善于扬长避短，发挥每个人的优势；善于授权，给员工机会和空间从事工作，提供成长的机会；能制定明确的目标及激励措施，激励团队成员实现目标。

（1）授权有道

洛伯定理：授权有道，分身有术。

美国管理学家洛伯

对于一个经理人来说，最要紧的不是你在场时的情况，而是你不在场时发生了什么。如果只想让下属听你的，那么当你不在身边时他们就不知道应该听谁的了。管理者不能包揽各种权力于一身，要最大限度地向下属授权，以增强下属的积极性和创造性。

① 管理者要扮演好教练的角色。

② 建立起对员工的信心，通过授权给予成长的机会。

③ "授权"这个词通常被人误解了，甚至是被人曲解了，这个词的意义应该是把可由别人做的事情交付给别人，这样才能做真正应由自己做的事。（彼得·德鲁克）

（2）常用激励方法

① 情感激励：赞美、情感、信任、尊重、荣誉。

② 工作激励：参与、目标、授权、事业。

③ 竞争激励：榜样、危机（岗位可替代性）、机会。

④ 绩效激励：项目，月、季、年度绩效奖励；职级调整。

（3）区分对象

马蝇效应：有正确的刺激，才有正确的反应。

美国第 16 任总统林肯

刺激是潜力的催化剂，一个人只有被叮着咬着才不敢松懈，才会努力拼搏，不断进步。

① 对"刺头"要讲究手腕。

② 对长期低绩效员工不能讲情面。

③ 懂得面向对象，面对不同层级/职级、不同需求阶段、不同思维状态的人，要用不同的策略。

（4）擅用赞美

皮格马利翁效应：赞美使平庸变骨干。

美国心理学家罗森塔尔和雅各布森

赞美、信任和期待具有一种能量，它能改变人的行为。

① 赞赏本身就是一种奖赏，大家尤其愿意听别人在背后的赞赏。

② 好员工是赞美出来的，越赞美干劲越足；领导会赞美，会使平庸变骨干。

③ 及时表扬员工的每一个进步，员工会为自己的付出得到肯定而自豪。

（5）适度竞争

鲶鱼效应：活力源于竞争和挑战。

只有竞争才能生存，管理者要给员工施加竞争压力，引进人才让内部员工体会到适者生存、优胜劣汰的法则，达到激活员工队伍、提高工作业绩的目标。要引入"鲶鱼"，让员工动起来。

（6）尊重与信任

秋尾法则：尊重即是奖励，信任才易胜任。

日本管理学家秋尾森田

如果我们把很重要的职责搁在年轻人的肩头，即使没有什么头衔，他也会觉得自己前途无量而努力工作。管理要实现最佳的状态、塑造最高的效率，前提就是管理者对下属或员工做到充分尊重和信任。

尊重可以让下属有主人翁的感觉，信任可以激发下属的潜能和工作热情。学会从尊重人和信任人开始做管理，一份信任将会获得十份回报。

6．人才培养

授人以鱼，不如授人以渔。

造人先于造物。

知识不在书中，书中只有信息。

未来的文盲将是那些没有知识和不会更新知识的人。成年人被淘汰的最主要原因是学习能力下降。

吉格勒定理：水无积无辽阔，人不养不成才。

美国培训专家 J.吉格勒

了解团队成员的发展需求，能建立团队所有成员学习、培养计划；注重后备人员的挖掘和培养；培养团队成员有责任感、敢承担、工作积极主动的作风。

（1）打造知识工程

建立知识维、逻辑维、时间维的课程体系，分享经验教训，在IT系统支持下提供考试、评价等功能。

① 知识维：通用基础能力、专业知识能力。

② 逻辑维：系统思维、策划、组织能力。

③ 时间维：计划执行、管控能力。

（2）建立分层分类的培训体系

通过培训，可以使新员工迅速适应现实的工作，缩短适应期；可以增强员工的专业技能，促其快速成长。

① 分系列（如营销、研发、制造、管理等）建设人才梯队。

② 建立分级分类培训体系，按系列、职务、角色、职级，设置必修课与选修课，并制定相应培训与考核计划。

③ 注重系统思维、理解能力的训练，培养把握"神"的能力。

（3）培训方法

① 培训班：分类组织培训班，并做实战训练，如逻辑思维初级、中级、高级班，项目管理班，研发产品经理、架构师等训练班。

② 自学与积分：对每个员工制订学习计划，并在知识工程IT模块中做相应记录与评价。

③ 建立导师制度：以师带徒，并制定导师的激励制度。

④ 过程评审：在各种报告的过程评审中，通过专家点评指导，提升实战能力。

⑤ 其他活动：如读书会、知识竞赛、经验分享交流、演讲等。

第 3 章 职场工作处事

上一章我们讲述了职场立身处世之道,本章介绍通用能力模型中做事的通用能力要求:计划执行、创新变革、业务管理、战略决策。

3.1 计划执行

> 弗洛斯特法则:一开始就把事情做对。
>
> ——美国思想家弗洛斯特

要筑一堵墙,首先就要明晰筑墙的范围,把那些真正属于自己的东西圈进来,把那些不属于自己的东西圈出去。做项目管理,一开始就要分析需求、明确目标、确定方法措施与工作范围、制订工作计划,并推动执行;在推动执行过程中会遇到各种困难,需要有恒心和毅力去克服困难、解决问题,同时还需有适度的灵活性去应对各种变化。在日常工作中,计划执行能力是管理能力的基础,通常可以借助项目管理课程来训练。计划执行如表 3-1 所示。

表 3-1 计划执行

序 号	能 力 项	目 标
1	分析能力	具有从全局思考、分析、把握问题的能力;分析问题清晰、到位
2	目标导向	善于把握问题主次关系,确立近、远期目标
3	制订计划	能够把握工作的层次关系和轻重缓急,制订系统、缜密的工作计划
4	推动执行	善于合理调配资源、工作努力拼搏、积极推动计划执行
5	工作毅力	敢于承担责任、积极挑战困难;不轻易回避退却,不以客观因素为借口,目标坚定
6	适度灵活	计划无法或很难执行时不固执,能够适度灵活地调整计划

1. 分析能力

分析能力是人在思维中把客观对象的整体分解为若干部分进行研究、认识的技能和本领。

一个看似复杂的问题，经过理性思维的梳理后，会变得简单化、规律化，从而轻松、顺畅地被解答出来，这就是分析能力的魅力。

分析能力是五大根本生存能力的基础：分析能力是基础能力；主动思维能力是核心能力；社会沟通能力与自控自抑能力是过程能力；责任承担能力是结果能力。

2. 目标导向

洛克定律：有专一目标，才有专注行动。

美国马里兰大学心理学教授埃德温·洛克

（1）做正确的事

① 集中精力，一开始就确保目标方向正确。

② 开始就明确了界限，最终就不会作出超越界限的事。

③ 做任何事之前都要有一个清晰的界定：什么能做，什么不能做；接受什么，拒绝什么。

（2）目标分解与执行

首先为自己制定一个总的高目标，同时制定一个实施目标的步骤，然后一个一个去努力实现，久而久之就会发现，你已经站在了成功之巅。

① 实现大目标要从小目标开始。目标并不是越高越好，目标要"跳一跳，够得着"。当目标既是未来指向的又是富有挑战性的时候，它便是最有效的。

② 上一个目标是下一个目标的基础，下一个目标是上一个目标的延续。细分阶段目标，要保证目标的延续性，把最终目标分成几个台阶之后，就要把每一个台阶走好。目标的天梯要一级一级攀，要脚踏实地，不能急于求成。

③ 目标实现的时候不是应该庆祝的时候，而是应该重新定义目标的时候。

（3）企业以服务客户为目标

在企业中，谈流程、谈 EA（企业架构）、谈制度，都是为业务运营服务的，需理解企业运营的本质。客户为中心→客户需求驱动系列业务活动→业务活动驱动任务分解执行→通过命令、流程、模型/模板、数据等驱动方式执行任务→达成业务目标→实现客户目标。

驱动是相对被动的用词，字面理解是有了客户需求去推动开展一系列业务活动；而牵引是相对主动的用词，主动去提前预测市场/客户需求，事先确定目标（如战略目标），然后去牵引一系列业务活动布局。

（4）始终做好目标管理

以目标为中心，为了目标而不懈地努力，最终才能到达成功的终点。

① 建立动态的目标管理体系。为防止导向过程时间过长或者目标不具有挑战性，降低激励的力度，倡导者要不断地向下属提出富于挑战性的目标，并为其提供实现目标的条件与机会，引导其阶段性地去实现一个又一个更高的目标。

② 勤于沟通，解决信息不对称问题，对于在执行过程中出现的问题及导致的偏差要及时分析、纠偏或调整。

③ 减少过程干扰，莫把方法当目标。在达成目标的过程中，经常遇到这样的问题，"对于如何完成目标的关切，致使方法、技巧、程序、信息等问题占据了一个人的心思，反而忘记了对整个目标的追求"。换言之，"工作如何完成"逐渐代替了"工作完成了没有"。这一现象说明，企业数字化等管理方法再好也不是目的，只有运用方法实现目标才算是真正的成功。

3．制订计划

（1）正确地做事

① 确定目标后，还要确保路径（解决方案）与行动计划的正确。

② 要事第一，优先排序，别让重要的事都变成紧急的事。

③ 学会抓大放小，从事务性工作中摆脱出来。

④ 将有明确制度和规则的事务管理工作授权下放。

（2）严密地做事

布利斯定律：事前多计划，事中少折腾。

美国行为科学家艾得·布利斯

用较多的时间为一次工作事前计划，做这项工作所用的总时间就会减少。不论做什么事，事先做好准备才可能取得成功，不然就可能失败。明确和详细的事前计划，可以帮我们对自己的设想进行科学分析，梳理实现设想的思路和方法，这样可以大大节省我们的宝贵时间，同时减轻压力。

例如，在产品研发过程中，舍不得花时间和精力在前端搞清需求、目标、方法措施、工作内容等，可能会导致研发过程及后续工作中的不断返工。

① 凡事预则立，不预则废，遇事三思而后行。

② 好的计划能节约精力和成本。

③ 动态修正计划，做好变更控制。

（3）有条理地做事

不论做什么事，事先要做好计划和准备，要按优先次序安排工作、分配时间，这样才能避免工作中的忙乱现象，提高效率。

① 养成有条不紊地做事习惯，让你的工作承前启后，每天下班前及时总结并计划明天的工作。

② 当同时做多项工作时，需要学会运用分析决策工具，按工作的价值评估排列优先级，依据二八原则，抓大放小，分步解决。

③ 对于复杂系统工程，把握工作的层次关系和轻重缓急，依据项目组合、项目集管理方法，制订系统、缜密的分级项目管理计划。

4．推动执行

善于合理调配资源、工作努力拼搏、积极推动计划执行。执行力可分为个人执行力和团队执行力。

（1）个人执行力

个人执行力是指一个人获取结果的行动能力。

① 总裁的个人执行力主要表现为战略决策与推动能力。

② 高层管理人员的个人执行力主要表现为组织管控能力。

③ 中层管理人员的个人执行力主要表现为工作指标的实现能力。

（2）团队执行力

团队执行力是指一个团队获取结果的行动能力，核心在于管理者的执行力。

① 在重大项目实施过程中，由于项目组织不健全、资源不足导致的各种延误，需要高度关注，并尽力帮助解决。

② 团队负责人要关注各项计划的完成情况，及时干预、纠偏，确保工作如期完成。

（3）及时监督

你不能衡量它，就不能管理它。（彼得·杜拉克）

如果强调什么，你就检查什么；你不检查，就等于不重视。（路易斯·郭士纳）

监督是尊重，也是激励。（赫勒）

破窗效应：在第一时间修复漏洞。

美国政治学家威尔逊和犯罪学家凯琳依

任何一种不良现象的存在都在传递着一种信息，这种信息会导致不良现象的无限扩展。对破坏的行为不闻不问或纠正不力，就会纵容更多的人"去打碎更多的窗户玻璃"。

① 管理者要维护制度，营造环境，及时补漏。

② 修好第一扇被打碎的窗户。

5．工作毅力

敢于承担责任、积极挑战困难；不轻易回避退却，不以客观因素为借口，目标坚定。

毅力，是人们为达到预定的目标而自觉克服困难、努力实现的一种意志品质。

毅力，是人的一种心理忍耐力，是一个人完成学习、工作、事业的持久力。

毅力，是一个人敢不敢自信、会不会专注、是不是果断、能不能自制和有没有忍受挫折的结晶。

6．适度灵活

计划是人制订的，难免会有疏漏，如时间安排不合理、资源分配不当、风险识别不足等。在遇到计划无法或很难执行时不固执，能够适度灵活地调整计划。

（1）敏捷而不呆板

① 管理者在执行计划时要能及时发现各种缺陷，适度灵活，并加以改进。

② 基层在执行计划时要能及时发现各种缺陷，并及时报告改进建议。

（2）善于应变而不拘泥

以曾经遇到的下达研发体系管理文件改版任务为例，企业总部编制了整套体系文件及各种报告模板，给出了指导工作的一种参考思路，但下属公司在做本单位适应性转版时，变成了照搬照抄，项目执行中许多人将写报告变成做填空题。

任务管理与执行人需要懂得做事背后的逻辑，学会对流程、报告模板做适应性调整。工作的目标不是为了执行制度，而是为了实现工作目标。

原则性与灵活性永远是一对矛盾，但没有绝对的对立，只有统一起来才能和谐，要把握做事的尺度。

3.2 创新变革

不创新，就灭亡。（亨利·福特）

创新是唯一的出路，淘汰自己，否则竞争将淘汰我们。（安迪·格罗夫）

可持续竞争的唯一优势来自超过竞争对手的创新能力。(詹姆斯·莫尔斯)

今天最成功的商品,明天可能最快过时。(彼得·德鲁克)

里德定理:若要经久不衰,切勿经久不变。

美国花旗银行总裁约翰·里德

接受变化、不断学习、与时俱进,才能改变现状、突破旧格局,才能跟上日新月异的时代,才能适应发展变化的新形势、新情况、新环境,开辟更广阔的生存空间。在成功的今天,须着力布局明天。

创新,必须是基于对现有体系、技术等充分理解、把握,对以往教训做了深刻的检查反思,汲取他人的经验,并做了系统分析后开展的必要行动,创新不是盲目跟风,更不能狗熊掰棒子;需要有创新性的思维、持续的行动、敢于扫除障碍的意志与决心,并具有追求卓越的精神。创新变革如表3-2所示。

表 3-2 创新变革

序号	能力项	目标
1	把握问题	清晰掌握问题和差距,把握主次关系
2	吸取教训	能吸取以往工作中的教训,制定未来的预防与改进措施
3	创新思维	善于思考,有能力不断提出问题的解决方法
4	创新行动	以身作则,热情倡导变革,有能力组织团队,推动创新
5	扫除障碍	能克服人力、财力、物力上的困难,适当处理或摆脱消极抵抗者,与上级主管部门积极沟通,扫除障碍,推动创新与变革
6	追求卓越	喜欢探索实现目标的不同途径,在工作的各个方面都追求卓越

1. 把握问题

(1)拓宽视野

隧道视野效应:不拓心路,难开视野。

美国一个摄制组

一个人若身处隧道,他看到的就只是前后非常狭窄的视野。具有远见和洞察力,视野开阔,方能看得高远,方能迈向更广阔的人生天地。例如:

① 对于产品架构师：需拓展如机械、电子、软件等产品设计的知识面。

② 对于领导层：需拓展如社会、管理、技术等领域的知识面。

③ 对于数字化运营：只有全面深入理解企业业务运营，才能做好顶层设计，进而分步实施。

（2）看透本质

苹果熟了，会从树上掉下来，这是日常生活当中再平常不过的现象了。然而牛顿却由此引发了"为什么苹果不飞上天而落到地上"的联想，并因此深入地研究、推理，最终发现了著名的万有引力定律。

在企业经营管理中，我们会遇到各种问题，如研发管理、质量管理等，需要看透本质，才能定位问题的根源。

（3）定位问题

看透问题的本质，清晰把握本质问题和差距，把握主次关系，对症下药，作出有效的创新。例如：

① 在学习研发管理时，应把握住研发管理问题的本质是要做正确的事、正确地做事、高效地做事，同时监督做的是否正确。

② 在做制造业数字化转型时，要认清数字化的核心是支撑企业内部经营过程管理，进而支撑集团化管理、集成供应链管理，打造工业互联网。

③ 在做员工能力训练时，要看清能力的短板在于逻辑维，需要建立起以逻辑思维能力提升为核心的训练体系。

④ 在产品质量管理中，要理解质量问题产生的根源在于产品全生命周期的过程管控，它始于客户需求获取分析，终于客户需求得到满足。

2. 吸取教训

能吸取以往工作中的教训，防止重复犯错、屡教不改，需制定未来的预防与改进措施。

（1）工作过程

在工作过程中，要及时发现问题、分析问题、定位本质，并做好工作记录。

（2）预防措施

对出现的问题要及时通报与讨论，开展此类问题的针对性技术培训，起草标准及规范作为未来工作的准则，选用合适的工具辅助管理，构建模型/模板防止工作遗漏。

（3）监督改进

加强评审、仿真、测试等控制，构建CBB，防止同类问题的再次出现；建立绩效管理体系，调动员工主动解决问题的积极性。

（4）复盘提升

对以前做过的工作进行复盘，吸取教训，总结提炼规律，促进个人与团队能力提升。

3．创新意识与创新思维

（1）创新意识

韦特莱法则：先有超人之想，后有超人之举。

美国管理学家韦特莱

没有人随随便便能成功。那些取得成功的人，做的往往是别人不愿意做的事情。敢想别人不敢想的，才能做别人不能做的。保持创新的兴趣和欲望，勤于思考，善于发现并提出问题，求新、求异。

要始终有这样一种意识：人们还没有想到的需求是什么？（彼得·德鲁克）

（2）创新思维

创新思维是指打破固有的思维方式，从新的角度，以新的方式去思考，得出不一样的且具有创造性结论的思维方式。

4．创新行动

以身作则，热情倡导变革，有能力组织团队，推动创新。

（1）敢于担当

具有敢于怀疑、敢于批判、敢于冒险、敢于承担责任的科学精神。

（2）意志坚定

在挫折面前能很快调整心态，在任何环境下都不动摇自己的信念，不因一时困难和挫折放弃自己的想法和计划。

（3）团队协作

对于团队的成员来说，不仅要有个人能力，更需要有在不同的位置上各尽所能、与其他成员协调合作的能力。

5．扫除障碍

能克服人力、财力、物力上的困难，适当处理或摆脱消极抵抗者，与上级主管部门积极沟通，扫除障碍，推动创新与变革。

（1）消极思维定式

定式效应是指有准备的心理状态能影响后继活动的趋向、程度以及方式。

八大消极思维定式：习惯思维定式、从众思维定式、权威思维定式、书本思维定式、自我中心思维定式、直线思维定式、自卑型思维定式、麻木型思维定式。

（2）消除组织与资源障碍

在组织机构、管理体系、人财物资源等方面，需要为创新提供保障，必要时需要做相应的变革。

6．追求卓越

喜欢探索实现目标的不同途径，在工作的各个方面都追求卓越。

（1）细节决定成败

一个出自英国国王理查三世的真实故事。1485年，在博斯沃斯战役中，因没有钉好第四个马蹄铁的马蹄钉，导致战马受损而被击败。莎士比亚的名句——马，马，一马失社稷！

失了一颗马蹄钉，丢了一个马蹄铁；

丢了一个马蹄铁，折了一匹战马；

折了一匹战马，损了一位国王；

损了一位国王，输了一场战争；

输了一场战争，亡了一个帝国。

在企业产品管理中，质量管理无小事，质量问题往往是细节问题控制不严而导致的，如在研发管理的需求分析阶段，遗漏一项质量要素，便会导致产品质量问题。

（2）精益求精

我国基础工业相对薄弱，尤其是在核心电子器件、机械零部件制造方面与国际先进水平有较大差距，需要努力赶超；在市场竞标中，只有第一没有第二，企业需要不断求索、精益求精、持续改进。

（3）需求满足程度

① 基本满意：基本达成需求，产品勉强能用，对客户不会构成吸引力，还有可能产生抱怨。

② 满意：产品满足正常使用需求，但对客户仍然不具备吸引力，产品不具备竞争力。

③ 惊喜：超越客户预期，给客户带去了惊喜，产品具有很强的竞争力。

3.3 业务管理

业务是企业围绕价值创造开展的系列活动。企业经营管理主要就是以实现客户需求为目标的业务运营管理。业务管理需要做好调研分析，理解需求，确定目标；需要具备相应的业务能力才能做好各项工作；需要建立与遵守部门管理所需的系列化制度；需要有能力去执行与解决过程冲突；对于复杂问题，需要有策划、架构与构建解决问题方案的能力。业务管理如表3-3所示。

表 3-3 业务管理

序号	能力项	目标
1	调研分析	调研分析市场需求、竞争、技术等信息；对各种数据进行统计分析，发现相应问题；进行市场效益、风险等预测
2	业务能力	按照相应规范独立编写各种报告；具有与所在部门发展方向相适应的背景知识；能统计分析与业务相关的财务数据
3	制度管理	建立与遵守部门管理所需的系列化制度
4	处事能力	明辨是非；正确处理发展过程中长远与眼前、积累与消费、质量与成本、开源与节流、原则性与灵活性、条理性与随机性、刚与柔等关系的能力
5	解决问题的能力	分析问题，抓住问题的本质，有思路、有方法，从根本上解决问题；主动协调与处理工作过程中所需要的协作性问题
6	策划架构	善于组织策划与业务相关的活动，系统构建技术方案，制定和优化技术路线

1. 调研分析

沃尔森法则：得信息者得天下。

美国企业家 S.M.沃尔森

信息与情报是金钱的使者，你能得到多少往往取决于你能知道多少。得信息者得天下，要在变幻莫测的市场竞争中立于不败之地，就必须准确快速地获悉各种情报：市场有什么新动向、竞争对手有什么新举措等。在获取情报后，果敢迅速采取行动，这是成功的前提。

企业以实现客户需求为目标。例如：

① 开展市场、竞争对手等信息调研，编写调研报告。

② 开展产品应用场景与涉众需求分析，编写涉众需求分析报告。

③ 编写立项可行性分析报告，论证产品开发的必要性、可行性、经济性、风险等。

2. 业务能力

（1）专业与背景知识

① 专业知识：如具备机械、电子、软件等相关知识与能力。

② 行业背景知识：如中航电测航空军工板块，需要了解飞机原理及总体构造，了解相应产品线知识（如飞机驾驶操控、飞机配电、直升机吊挂系统等），熟悉相关国家、行业、企业等标准。

③ 项目专项知识：如从事直升机吊挂系统开发，需要深入理解产品原理、结构、用途等。

（2）编写报告能力

例如，做好科研要从学会编写报告开始，报告是做事思路的整理与表达，调研、立项、设计、试验等环节都需要编写报告，这样便于开展事中评审、事后归档。

① 内容要求：面向对象、主题明确、结构清晰、主次分明、逻辑严密。

② 编辑要求：图表为主、文字解注、通俗易懂、格式规范、美观整洁。

③ 讲解要求：问题导出、答疑解惑、音速适中、互动风趣、掌控时间。

（3）统计分析能力

① 数据计算与指标评价，绘制分析图表。

② 分析变化规律，锁定影响因素，挖掘已知确定性条件，调整试验方案。

③ 发现与处理试验数据的异常点，提出改进建议。

3. 制度管理

（1）制度的原则性

制度具有刚性，没有规矩不成方圆。

热炉法则：任何人触犯规章制度都要受到处罚。

由于触摸热炉与实行处罚之间有许多相似之处而得名，热炉形象地阐述了 4 个处罚原则：

① 热炉火红，不用手去摸也知道炉子是热的，是会灼伤人的——警告性原则。企业领导要经常对下属进行规章制度教育，以示警告。

② 每当你碰到热炉，肯定会被火灼伤——一致性原则。说和做是一致的，说到就要做到。也就是说，只要触犯规章制度，就一定会受到处罚。

③ 当你碰到热炉时，立即就被灼伤——即时性原则。处罚必须在错误行为发生后立即进行，决不能拖泥带水，决不能有时间差，以便达到及时改正错误的目的。

④ 不管是谁碰到热炉，都会被灼伤——公平性原则。处罚要对事不对人，不论是企业领导还是下属，只要触犯企业的规章制度，就要受到处罚，在企业规章制度面前人人平等。

（2）制度的可行性

制度是人起草的，难免会有不合理之处，在执行过程中发现不合理的情形需要做适当处置及改进。

（3）制度的关联性与动态性

制度不是孤立存在的，而是与时空环境有着密切联系的，需要动态跟踪与修订。

（4）制度的灵活性

制度在设计与执行时，须考虑各种环境变化，把握适度的灵活性。

4．处事能力

① 明辨是非：处事冷静、控制冲动、基于逻辑、分清是非。

② 长远与眼前：尤其是重要与紧急的关系，如产品及技术研发与眼前交付、培训赋能与眼前工作时间冲突等。

③ 积累与消费：企业利润与员工收入、投资与分红等。

④ 质量与成本：产品竞争策略定位、卖点规划、价值体现等。

⑤ 开源与节流：加大投入做市场开拓、产品开发与控制管理成本、减少支出之间的关系。

⑥ 原则性与灵活性：制度的刚性与情感的柔性关系等。

⑦ 条理性与随机性：计划与调整、变更的关系等。

5．解决问题的能力

分析问题，抓住问题的本质，有思路、有方法，从根本上解决问题；

主动协调与处理工作过程中所需要的协作性问题。

明白解决问题的基本逻辑：首先探明问题的原因（注意 MECE 原则的应用）与产生的机理；然后明确目标、工作方法、工作范围，制定工作计划（P），再去执行（D），工作过程需要监督检查（C），对检查结果要作出及时处理及奖罚（A），进而追溯管理体系中的漏洞并加以改进；最后需要总结、提炼并改进与复用（收尾）。

PDCA、项目管理、质量"双五"归零、APQP、研发管理体系思想是基于类同的逻辑去解决问题，只是不同方法描述的侧重点、内容覆盖的范围、步骤的划分有些差异。所以，在工作中需要看清这些体系、工具和方法背后的逻辑，切不可孤立地去看待；要去领会其"神"，融会贯通，为我所用，持之以恒地去改进自己的体系。

6．策划架构

善于组织策划与业务相关的活动，系统构建技术方案，制定和优化技术路线。

（1）策划

策划是一种策略、筹划、谋划或者打算，是在充分调查市场的基础上，遵循一定的方法或规则，对未来即将发生的事情进行系统、周密、科学的预测并制定科学可行的方案，以达成一定的目的，主要表现在以下几方面。

① 活动策划：学习、工作、生活等过程中的日常活动等。

② 会议策划：目标、时间、地点、人员、组织等。

③ 宣传策划：内容、形式、规模、组织、效果预期等。

④ 营销策划：产品、服务、创意、价格、渠道、促销等。

（2）架构

运用系统思维的方法，把一个整体切分成不同的部分，各部分既相对独立又互为支撑，通过建立不同部分相互沟通的机制，使得各部分能够有机地结合为一个整体，并完成这个整体所需要的所有活动，这就是架构。例如，在企业数字化运营体系建设过程中的业务架构、应用架构、数据架构和技术架构；在产品方案设计过程中的概念建模、逻辑建模、物理建模；在软件开发的 CBB 建设中，单片机嵌入式软件架构、PLC 软件架构、管理类系统软件架构等。

3.4 战略决策

战略决策是关系企业全局和长远发展的重大问题的决策，需要决策人具备大局意识、竞争意识，在激烈的市场竞争环境中去发现机会与风险，制定战略规划并推动执行。战略决策如表 3-4 所示。

表 3-4　战略决策

序　号	能　力　项	目　标
1	大局意识	服从大局，具有全局能力、协同能力；能够从组织的整体和长远利益出发，有机统一协调各种资源去解决问题
2	竞争意识	密切关注竞争对手、行业标杆或战略伙伴的举动，根据最新动态及时制定竞争策略
3	洞察发现	具备关注外部环境变化的主动性和敏感性，能够发现变化中的主要趋势、重大机会和威胁
4	战略规划	能站在全局和发展的高度，利用分析模型和规划工具，把握发展规律，确定正确的方向、重大目标和主要路径
5	战略执行	能结合组织资源状况和环境形势，制定与战略目标一致的行动方案和计划，紧抓推进执行，不断校正计划与战略的偏差
6	分析决策	运用专业理论、工具和方法，注重调查研究，集合多方意见的同时独立思考，及时作出正确决策

1．大局意识

不谋全局者，不足谋一域。管理者需要登高望远，具有大局意识。人站在池塘边看到的是一潭死水，站到高山上看到的是山川与水系，坐在飞机上看到的是江河湖海，不同的视角、不同的视野，看到不同的世界，带来不同的结果。

（1）局部利益服从整体利益

① 当个人或小团体的利益受到影响时，试试换位思考。

② 各负其责，不等于各人自扫门前雪，不问他人事，只有团队内、团队间团结协作，才能更好地实现共同的目标。

③ 不在其位不谋其政，但不思全局的人又难以被领导委以重任，因此应以大局为重，多从全局着想。

（2）短期利益服从长远利益

① 处理好短期 KPI 与长期发展投入的关系，企业在经营状况良好时，要着力布局长远，这样才能使企业保持良性循环和持续发展。

② 急功近利、寅吃卯粮的短期业绩导向是企业经营的大忌，领导将自己变成生产队长、救火队长，会给自己的下一任挖下一个巨大的深坑，让企业失去竞争力，从而使经营陷入恶性循环，甚至有可能被迫退出舞台。

（3）全面思考

让自己的思维层次，从点、线、面，向立体、多维思考转变，要全面、系统地看待问题。企业经营从全局到各业务部门、个人的工作是一个有机的整体，需要分工协作。如企业的流程建设、数字化建设，需要先从全局去思考、去架构，再分步建设，否则将形成众多的孤岛。

2．竞争意识

密切关注竞争对手、行业标杆或战略伙伴的举动，根据最新动态及时制定竞争策略。

（1）保持良性循环

马太效应：强者愈强、弱者愈弱。

美国科学史研究者罗伯特·莫顿

一个人只要努力，让自己变强，就会在变强的过程中受到鼓舞，从而越来越强。态度积极主动执着，你就获得了精神或物质的财富，获得财富后你的态度更加强化了你的积极主动。要改变贫困境地，就要改变自己的思维，学会富人的思维方式。要富脑袋，才能富口袋。

在企业经营过程中，要看清目标方向，在财力允许的前提下，不断地加大研发投入，若干年后，研发的新品投放市场，便又有了新增的收入，更有能力做研发投入，如此良性循环会使强者恒强；否则在企业经营不善时，再想加大研发投入就很难了，缺乏资金与人才，极易将企业拖入恶性循环。

（2）建立自信心

舍恩定理：成功垂青自信的人。

美国教育家、哲学家唐纳德·舍恩

对事业怀有信心，相信自己，乃是获得成功不可或缺的前提。

① 自卑是人生大敌，会使聪明才智和创造能力得不到发挥，使人难有作为。

② 自信是成功的必要条件，只有自己相信自己，他人才会相信你。

（3）敢于挑战自我

跳蚤效应：心有多大，舞台就有多大。

来自生物学实验

跳蚤效应说明，自我设限是一件悲哀的事情，跳蚤变成"爬蚤"并非自身已失去跳跃能力，而是由于一次次受挫后学乖了，习惯了，麻木了。跳蚤调节了自己跳的目标高度，而且适应了它，不再改变，行动的欲望和潜能被自己扼杀。

① 害怕失败会导致失败，可以输给别人，不能输给自己。

② 要想获得成功，就要打破自我设限的心理高度，态度决定高度，人生不设限，人的潜能超乎自己的想象。

③ 心有多大，舞台就有多大，你有成功的信心，才会去寻找施展才华的舞台。

3. 洞察发现

具备关注外部环境变化的主动性和敏感性，能够发现变化中的主要趋势、重大机会和威胁。

（1）捕捉机会

在政策不断调整，通信、自动化、数字化、智能制造等技术不断发展环境下，需要注重开展情报收集与分析工作，对技术、产品发展机会应有足够的思考与认识，具有敏锐捕捉各种机会的能力。

（2）警惕威胁

① 竞争对手：产品技术、价格、质量、服务、市场策略等。

② 市场变化：政策变化、需求变化、国际环境、跨界打劫等。

③ 企业自身：人力资源、财务状况、技术、短视经营行为等。

（3）机会与风险并存

前景理论：前景与风险是一对双胞胎。

诺贝尔经济学奖获得者、美国心理学家卡尼曼

前景理论有以下三个特征：

① 大多数人在面临获得时具备风险规避意识。

② 大多数人在面临损失时具备风险偏爱倾向。

③ 人们对损失比对获得更敏感。

4．战略规划

战略规划是指企业对重大的、全局性的、未来的目标、方针和任务的谋划，属于企业大政方针的制定，范围涉及大方向、总目标及其主要步骤、重大措施等方面。

（1）愿景

愿景是企业的"梦"，描述企业未来要成为一个什么样的企业，是规划者或参与方在宏观战略层面上就期望达成的单个或诸多目标而进行的综合设想，是能够指引员工前进的理想前景。

（2）目标

企业要想圆"梦"，需要分阶段去制定目标，如"十四五"目标。在企业发展壮大后，众多企业的目标已远超出了经济范畴，如航空工业作为国之栋梁，肩负着航空报国的使命。

（3）业务

要支持战略目标的实现，经营单位需要确定布局哪些核心业务、新兴

业务和种子业务，产品定位是什么，市场和客户在哪里，如何布局国内或国际市场运营，如何构建产业链协同，最终突出形成哪些核心能力和竞争优势，以及所采取的业务举措和里程碑节点。

5．战略执行

能结合组织资源状况和环境形势，制定与战略目标一致的行动方案和计划，紧抓推进执行，不断校正计划与战略的偏差。

（1）战略纠偏

每年的战略目标应尽最大努力去实现，不能只是不断修正目标，致使战略规划形同虚设。

① 及时宣贯，让经营单位明白高层的战略意图，并愿意为之努力。

② 定期召开战略分析会，发现问题、分析问题，并采取有效措施强力干预与纠偏。

（2）贵在坚持

鲁尼恩定律：笑到最后的才是赢家。

奥地利经济学家鲁尼恩

赛跑时不一定跑得快的赢，打架时不一定力气大的赢。龟兔赛跑的故事，告诉我们贵在坚持。竞争是一项长距离的赛跑，需要戒骄戒躁，笑到最后的才是赢家。

① 心急吃不了热豆腐，要提前做好筹划，并持之以恒。如研发体系改革、数字化转型、员工能力提升训练等，都需要长期坚持才能见效。

② 一时的领先并不能保证最后的胜利，需要保持清醒的头脑。企业经营中切记对手正在后面努力追赶，也许还在谋划弯道超车，需要密切关注对手的动态。

③ 一时的落后并不代表会永远落后，唯有埋头坚持方能出头；戒除浮躁，脚踏实地，奋起直追，你就有可能成为笑到最后的人。

6．分析决策

（1）管理就是决策

决策是管理的心脏，管理是由一系列决策组成的，管理就是决策。（赫伯特·西蒙）

在解决问题的过程中，无处不依赖决策执行力。

① 把握"度""火候""边界"是人生的最高境界，即灵活应变、认识与把握边界的能力。

② 宏观上，企业管理体系→研发体系→报告→具体内容→……层层细化模板，尽量增加做事的确定性、一致性；微观上，必须学会灵活应变，不然便成了不懂应变的僵化执行。

③ 通过逻辑学习，提高系统思考能力，在面对问题时能归零思考，作出正确的判断。

④ 一切工作的目的是为了实现目标，能否正确确立目标是领导力的体现，能否实现目标是执行力的体现。

（2）决策需要主见

韦奇定理：不怕众说纷纭，只怕莫衷一是。

美国加州大学洛杉矶分校经济学家伊渥·韦奇

即使你已经有了主见，但如果有 10 个朋友和你的看法不一致，甚至相反，你也很难不动摇。各说各的理，各讲各的经，最后谁也说不清的结局就是惨败的开始。未听之时不应有成见，既听之后不可无主见。

（3）有效预测是决策的前提

在环境日益复杂多变的情况下，如何科学预测，进而合理地作出决策，已成为当今管理人员必须具备的能力。只有综观全局、预见未来，才能运筹帷幄、立于不败之地。

（4）果断是决策的心脏

布利丹效应：果断是决策的心脏。

法国经院哲学家布利丹

14世纪，法国经院哲学家布利丹在一次议论自由问题时讲了这样一个寓言故事："一头饥饿至极的毛驴站在两捆完全相同的草料中间，可是它始终犹豫不决，不知道应该先吃哪一捆才好，结果被活活饿死了。"人们常把决策中犹豫不决、难做决定的现象称为布利丹效应。

决策者要避免布利丹效应。果断决策与开展行动，是一位优秀决策者应有的前瞻性能力。

（5）有效的决策才算是决策

对于决策者来说，正确的决策非常重要。如果没有准确的预见，遇事又手忙脚乱，就很可能作出错误的决定。

决策时要广开言路，围绕决策内容寻找各种可能的解决方案，运用决策矩阵等决策方法，选择最优方案实施并随时完善，才能提高决策的精确度。

① 善于倾听多方意见。

② 只有掌声的决策不见得是好决策。

③ 当有70%可能时，评估风险及其带来的损失，在能承受的前提下，就开始行动，并随时完善决策。

（6）复杂问题简单化

奥卡姆剃刀定律：复杂的问题可以简单化。

14世纪欧洲逻辑学家威廉·奥卡姆

如无必要，勿增实体，即简单有效原理，不做任何多余的事。在人们做过的事情中，可能许多工作是无意义的；而隐藏在繁杂事物中的一小部分才是有意义的，这部分就是二八原则中藏在"八"后面的"二"，多数人难以发现。所以，复杂的事情往往可通过最简单的途径来解决，做事要找到关键，这样才能成为高手。

① 看清本质、找到关键。

② 化繁为简、保持简单。

（7）工作启示

在工作中，运用专业理论、工具和方法，注重调查研究，集合多方意见，同时独立思考，及时作出高质、高效的决策，如：

① 市场营销战略、策略的决策。

② 产品技术规划、立项评审、产品上市、产品退市决策。

③ 鉴于人力资源培养的滞后性，提前做好人力资源规划决策，才能支撑发展。

④ 注意重要但不紧急事项的决策，别总是把重要的事变成紧急了再去救火，让企业日常运营进入救火模式。

第 4 章　逻辑思维导论

逻辑，即思维的规律与规则。

逻辑思维，即抽象思维，是人们在认识过程中借助于概念、命题、判断和推理等形式，运用分析与综合、分类与比较、归纳与演绎、抽象与概括等方法，对丰富多彩的感性事物进行去粗取精、去伪存真、由此及彼、由表及里的加工制作以反映本质的过程。

依据霍尔模型，人的能力可以划分为逻辑维、时间维、知识维，而我国的教育整体偏重于知识维，对逻辑维和时间维能力的训练不足，而这恰恰成为制约企业员工能力提升的主要瓶颈。

缺乏顶层逻辑思考，没有顶层架构的企业各种体系建设活动，最终会导致产生各种"孤岛"，使得整个体系支离破碎，无法发挥系统"1+1>2"的作用。

企业是一个有机的整体，各种体系建设与经营活动必须按"系统"的思维来统筹规划，层层分解为一系列子系统，然后分步实施；各子系统间相对独立，但又相互联系与作用。

4.1　非逻辑思维

4.1.1　非逻辑思维之根源

1. 怀疑论

多数情况下，对事物持有怀疑的态度是正常的，它是我们探索与解决问题的前提，这里说的怀疑论是指中/重度怀疑论，对某些事物自我认知不足，或有偏见甚至走向极端。

示例：目前有这样一种矛盾心理，一方面针对高端制造业数字化转型苦苦求索，各种现有方案落地困难，需要寻找新的路径；另一方面，如果有人另辟蹊径找到了好的方案，又会受到太多的怀疑：可能吗？不符合现有的理论啊？

启示：新生事物、改革创新成果出现的初期，往往会因为大量的"怀疑"甚至"质疑"而步履维艰；而如果轻信，则又往往容易出现偏差，所以需要有基于逻辑的甄别能力。

2．否定论

对超出自我认知范围的事物，轻易否定，甚至断章取义，不去从整体上理解对方意图，便轻易否定其中某部分内容。

示例：在数字化转型中，流程设计人员介于IT与业务人员之间，是两者沟通的桥梁，但往往受限于对IT和业务理解不足，而不能充分发挥应有的作用。常见的论调是，流程人员不精通业务，很难设计出有效的流程，但让流程人员精通业务，几乎是不可能的，所以"我们"只负责设计流程，业务逻辑关系应由业务人员给我们梳理与提供。

启示：在否定时，是否该取消"们"，只留下"我"呢。

3．盲目乐观

对自己的能力估计过高，或对未来的困难估计不足，就会导致判断错误。

示例：某IT方案很宏大、很自信，但实施时却无能力前行；自认为方案很先进，但由于对市场研究不够深入，理解能力有限，实际上是走别人的老路而已。

启示：了解市场、掌握动态，脚踏实地、实事求是。

4．情感误导

情感上的偏爱，或对某人或某事的偏见，导致了分析结果的错误。

示例：某人在自己提出的IT开发方案可能被他人的方案替代时，从情感出发去寻求支持自己的理由，偏离了客观实际，在研讨会上进行方案论证时，原本应该基于事实的理性辩论，演变成了一场非理性的争吵。

启示：要基于事物本身的逻辑，客观公正地看待与处理问题。

5．推理前提错误

在逻辑推理时，若前提不真，推导的结果便自然出错。

示例：某企业B从国外企业A引进一套先进体系，经实践适合企业B并实施成功；企业C的业态与企业B很相似，所以只要企业C学习企业B的体系并坚持就一定能成功。

启示：这是三段论推理，但依据三段论的集合分析法去推论，只要A包含或类同B，则B便有了A的属性；B包含或类同C，则C有B的属性。试问：上述示例中，企业C的业态真的与企业B类同吗？

6．归纳以偏概全

在归纳总结时，对问题没能全面理解、覆盖，致使遗漏。

示例：A、B、C公司各用了不同路径、方法，花费巨资，做了多年仍未解决数据孤岛问题，所以这个孤岛问题大家都解决不了。

启示：方法以外还有方法吗？大多数人走不通的路就一定走不通吗？

7．目光短浅

看问题的视野窄，只见树木不见森林；对未来的洞察能力弱，只看眼前不看长远。

示例：企业经营者可能会在重眼前利益的KPI考核体系引导下，将布局长远变成一句口号，急功近利的心态会使IT规划与建设这样重大的战略与行动偏离方向，使企业失去持续发展的动力。

启示：IT 建设是长期持续的过程，伴随着企业成长的整个生命周期，需整体设计，打好基础，步步推进。

4.1.2 非逻辑思维之表现

以员工接受日常工作安排时的常见现象为例。

1．不会倾听

在领导、同事交代或交流问题时，只顾自己说话，不去用心倾听与领会对方的意图，造成沟通障碍，易导致目标偏离。

2．目标偏离

在接受任务时，对任务的目标理解不清楚，甚至理解错误，便盲目动手，会导致整个工作白费力气，甚至推倒重来。

示例：中航电测 Zemic_ZOS 已全面上线运行，成为企业全业务域一体化数字运营管理平台，其运营流程与 AOS（AVIC Operation System，中国航空工业集团有限公司运营管理体系）流程同步迭代保持一致。目前，需要将线下的 GJB 9001 质量认证体系文件、AOS 管理体系文件进行整合，并与线上保持一致，需重新编制一份线下体系文件。

思考：线下体系文件整合本身是工作的目标吗？最终目标是什么？

3．路径不当

方法、路径选择不当，会使我们事倍功半，甚至导致失败。

示例：线下体系文件整合工作，在没有提供文档模板的情况下，直接分配给各相关业务域负责部门去编制。

思考：各承担单位有能力整合吗？各业务域间的关系怎样？跨部门的要素有哪些？

4．方案不周

缺乏系统的逻辑思考，逻辑结构不清，上下文关联性差，关键要素遗漏。

示例：线下体系文件，按照 GJB 9001 体系编写要求应该由哪几部分构成？总体与局部的关系怎样？纵向分解与横向推理的关系怎样？与 AOS 如何融合？与装备发展管理部门推行的 NQMS 是什么关系？

5．项目管理弱

缺乏项目管理训练，缺乏对项目管理各要素逻辑关系的理解，对项目启动、规划、执行、监控、收尾五大过程缺乏管理能力。

4.1.3　八大消极思维定式

定式效应是指有准备的心理状态能影响后继活动的趋向、程度以及方式。

八大消极思维定式：习惯思维定式、从众思维定式、权威思维定式、书本思维定式、自我中心思维定式、直线思维定式、自卑型思维定式、麻木型思维定式。它们制约着我们能力的提高与企业的发展。

1．习惯思维定式（经验型）

随着人的知识和经验的积累，形成了一定的思考问题、解决问题的习惯方式，是潜意识的反映，如鸟笼效应就是惯性思维作用的结果。

一种思维长期重复→养成习惯→形成性格→性格决定命运。

比如：

因为我们原来都是这么做的，所以就应该这样做。

在组织中试图改变某些具有极端性格的人（小心眼、极内向、极张狂、偏执、自私等）有多么困难。

若你想改变原有 IT 系统建设与操作习惯，或做研发体系变革，是不是感到阻力重重。

2．从众思维定式

从众思维定式是指人们因懒于独立思考,或不敢标新立异而盲目从众,一切随大流,抑制了创新的敏感和勇气。

比如：

大家都是这么做的。

示例：很多公司都在用某研发需求管理软件,因此我们也需要购买该软件进行需求管理。但我们搞清楚需求应该怎么收集、整理、分析、传递和控制了吗？需求要素包括哪些内容？用 Excel 表格能填写清楚吗？若 Excel 表格填写不清楚,需求管理软件能管理清楚吗？需求管理软件中管理的要素与研发过程管理软件如何结合呢？

3．权威思维定式

权威思维定式是指迷信权威,不敢怀疑权威的理论或观点,一切都按照权威的意见办事。

（1）过度依赖企业内部和外部权威的理论与观点,失去独立思考与创新力。

（2）不管权威的理论是否成熟可用、是否适合自己,不假思索地盲目追随,导致一些工作半途而废。

（3）盲目学习标杆企业,只取其"形",没有学习其"神"。

4．书本思维定式

书本思维定式是指人们迷信书本上的理论,不敢提出质疑,不能纠正前人的失误,不敢做新的探索。

（1）书本知识是对客观事物内在本质和一般规律的提炼、概括和总结,但在实践中必须结合具体的情况和条件吸收、转换与应用,要具体问题具体分析。

（2）注意书本知识的时效性、不同场景应用的适应性,如果一切照搬书本而忽略实际情况，则有可能导致失败。

（3）要活学活用，领会其"神"，吸取精华为我所用；纸上谈兵、空谈理论不能解决实际问题。

5. 自我中心思维定式

自我中心思维定式是指人们一叶障目，不见泰山，局限在自己已有知识或成果的范围内，思考问题时以自我为中心，目光短浅。

比如：

因为我是对的，所以不听你的。

因为我做不成，所以别人也做不成。

因为我所在的单位是同行中最好的，所以我的方法也是最好的。

因为这样的方法/路径/成果我没听过、没见过（超出自我认知范围），所以有人说做成了那是不可能的。

要学会倾听与思考、开阔视野、敞开心扉；要明白人外有人、山外有山、天外有天。

6. 直线思维定式

直线思维定式是指死记硬背现成答案，生搬硬套现有理论，不善于从侧面、反面或迂回地思考问题。

（1）面对听到、看到的信息，不认真思考与判断，简单传播；嘴比脑快、手比嘴快。

（2）面对复杂多变的事物，仍用简单的直线方式去思考，甚至断章取义、漏洞百出。

示例：在中航电测"立项可行性分析报告"模板中，有"关键技术"这一节，在使用该模板编写"关键技术立项可行性分析报告"时，还需要"关键技术"这一节吗？

启示：在使用模板时要懂得模板编制背后的逻辑，针对不同的应用情况需要适当裁剪与补充。

第4章 逻辑思维导论

7. 自卑型思维定式

自卑型思维定式是指在自卑心理的支配下,不敢去做没有把握的事情,即使是走到了成功的边缘,也因害怕失败而退却。

示例:中航电测研发体系改革初期,整体研发能力弱,缺乏自信,许多人认为很多事情我们做不成:目前的数据动态采集处理技术不行,企业信息化系统开发太复杂,我们做不了,自动化生产线技术太难,我们弄不了……

结果证明,当初认为做不成的事基本都做成了,现在有了集体自信:别人能做成的我们也能做成,别人做不成的我们也要争取做成!

8. 麻木型思维定式

麻木型思维定式是指人们对生活、工作中的问题习以为常,精力不集中,思维不活跃,行动不敏捷,不能抓住机遇,更不会主动面对困难,迎接挑战。

示例:某单位的业务量随着市场需求的快速增长而增长,但由于研发管理能力弱及人力资源紧张,产品质量问题频发,客户意见很大。

(1)产品开发部门在收到客户的反馈意见后很着急,但加班加点仍然无法满足客户需求,且问题日趋严重。

(2)客户开始变得急躁、愤怒,客户服务人员表示无奈,开发人员长时间加班后变得疲惫和麻木。

(3)客户再三催促无果后渐渐失去耐心,降低催促频率,客户服务人员因客户催促不及便开始松懈,懒得传递信息给开发人员,开发人员以为问题已得到解决而不再关注。

(4)结果是客户丢失,客户服务人员与开发人员再也不用为客户的意见发愁了。

最后,让我们再思考一下上述思维定式的怪圈:

因受惯性思维、从众思维、权威思维等的影响,一旦遇到一项由权威传播的不当路径,或只适合某种特定环境下的路径,便常常会在公众盲目随从下形成从众思维与惯性思维。这会造成在外面的人努力想往里跳、里边的人努力想往外跳的怪圈，且前赴后继难以阻挡。

4.2 逻辑关系

本节分析常用的 11 种逻辑关系，它虽然看起来简单，但在我们工作、生活和学习过程常常会犯这些最基本的逻辑关系错误。

1. 转折关系

后文跟前文的意思相反或修改补充。

示例：研发需求分析中的某需求点被遗漏，单点遗漏事情虽然小，但最终却导致了产品验收失败。

启示：研发无小事，细节决定成败。提升研发水平，需要全员能力的提升、全过程的严密管控。我们常犯的错误是舍不得把时间花在研发前端需求细节的分析上，却把大量的时间花在修补与改进细节遗漏导致的产品质量问题上。

2. 顺序关系

在描述一个连续的动作或事情时的逻辑顺序关系。

示例：物联网数字仪表通过采集、放大、调理、A/D 转换、软件滤波、算法处理、通信传输等，可将传感器感知到的被测信号转换成物理量并远程传输。

四个逻辑顺序如图 4-1 所示。

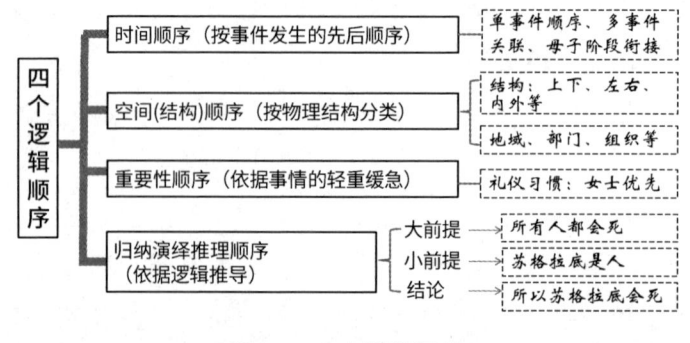

图 4-1　4 个逻辑顺序

启示：在我们表达问题的过程中，不注意顺序关系，便会"语无伦次"，有机的整体会被分割为一个个"散点"。

3．递进关系

后分句比前分句有更进一层的语义关系。

常见关联词有：甚至、更、还、以至、何况、并且、不但……而且……、尚且……何况……。

示例：我们在做产品测试试验时，应根据其递进关系排列先后顺序。

①功能与操作性检查→②自然环境下的静态测试→③极端环境下的静态测试→④动态测试→⑤稳定/可靠/耐久性测试……

启示：我们在做产品测试试验时，需要考虑先做什么？后做什么？如何依据其递进关系排列先后顺序？示例中，各步骤之间是有递进关系的，后一步的试验结果依赖于前一步是否合格，若不顾及递进关系盲目安排测试试验，将造成时间与成本的浪费。

4．并列关系

语义上关联，结构上趋同，成分上地位相当的关系。

并列关系的词或短语常以顿号、关联词"和"连接。

示例：该产品的生产质量问题可从人、机、料、法、环、测等6个维度去追溯。

启示：

（1）不要把地位不等的维度混在同一分类层级，如该产品由机械台架、滚筒、举升装置，以及电气和软件系统构成。

（2）各种"分类"为并列关系，要遵循MECE（不重不漏）原则。

（3）分类时，尽量用要素分类法（如3C、4P、PEST、5W2H等）、流程分类法、自身及以外等成熟的分类方法，避免违反MECE原则。

5．因果关系（串联）

前后文在语义上存在原因与结果的关系。

常见的关联词有：因为……所以……、由于……因此……、既然……那么……。

示例1：由于他逻辑思维能力差，难以理解、掌握、运用高效的学习与工作方法，因此导致他的绩效低下。

启示：因果关系（单因果、多因果）是工作中分析问题的基础，搞错了因果关系，可能导致做无用功，甚至造成巨大浪费。

示例2：研发过程需求常变更的原因是什么？

（1）归结为客户原因：客户需求给得不明确，客户需求常变更。解决问题的措施：抱怨、等待。

（2）归结为工具原因：客户需求没有很好地记录与管控。解决问题的措施：购买工具，记录与管控需求。

（3）归结为自身原因：被动理解需求、理解分析能力低。解决问题的措施：提升能力，变被动为主动，根据自身经验梳理各类产品的需求分类与要素，构建模型/模板，便于传递与传承。

启示：不同的归因，会导致不同的结果。

6．解释/举例关系

语段中的某句话或词语是对前文或后文的某个描述或阐述内容的解释或举例说明。

示例1：无论当下的生活多么衣食无忧，我们还是爱假设将来可能遇到的变故，即使这些假设发生的概率接近于零。这只能从我们未雨绸缪的传统心理方面进行解释。

可无论当下如何强调未雨绸缪，在企业经营中人们往往还是急功近利，只顾眼前不顾长远，即使会议上统一了认识、下了决心要布局长远，行动时又只剩下口号，重要的事只有变紧急了才能得到处理。

启示：不同时间、不同环境，类似的事情会有不同的解释，必须具有自我判断能力，但同一时刻、同一环境中，切勿相互矛盾。

示例2：什么是数字传感器？ 答：产生数字信号的传感器。

启示：在工作中，常犯同语定义/解释的错误。你觉得示例2这样的解释有价值吗？

示例3：逻辑思维能力的提升是中航电测研发人员能力提升的关键；缺乏逻辑思维能力，让研发体系改革推进困难重重。例如，做好了研发流程却在遇到具体情况时不知如何裁剪，做好了文档模板却只知填空不知为何这样要求。

启示：在OREO语言结构模型（观点—理由—例证—再次强调观点）中，在表达了自己的一种观点后，先给出让人信服的理由，再用事实举例证明理由的成立，使得我们的语言逻辑严密，让他人难以辩驳。

7．让步关系

就算某件事发生，也不会有那样的结果发生，相当于假设+转折。

常见关联词：即使……也……、就算……也……。

示例：A项目即使赔钱，我们也得干；B项目就算挣钱，我们也必须放弃。

启示：企业经营活动中，往往易犯急功近利的错误，芝麻、西瓜都想要，缺乏战略性思考，把有限的资源陷入无尽的低价值工作当中。

8．条件关系

条件关系就是指前一部分提出一种条件，后一部分说明在这种条件下产生的结果，分为必要条件、充分条件和充要条件。

常见关联词：只要……就……、只有……才……、无论……都……、不管……也……、即使……也……。

（1）由条件A可以推出B，即A→B，但由B不能推出A，则A为B的必要条件，B为A的充分条件，即A是前提，B是结果。

示例1：只要传感器的静态精度不合格，动态精度就不可能合格（除非动态精度要求较低）。

启示：测试时，必须从最基础的性能测试开始，步步递进。

示例 2：只要是 H 公司（标杆）输出的成果，我们就能用。

启示：示例 2 结果是真的吗？前面是后面的必要条件吗？H 公司的业态与痛点与我们一样吗？

（2）充要条件可视为由 A 能推出 B，由 B 也能推出 A，即 A 与 B 可互换。

示例：只要掌握正确的学习方法+努力，就一定会取得好成绩。

启示：工作中要促成良性循环，避免恶性循环，如逻辑思维能力强→理解、分析、总结、转换等能力强→学习能力强→工作能力强→绩效好→挑战机会多→逻辑思维能力更强→……。

9. 选择关系

不是你去，就是我去。

是你去，还是我去？

要么你去，要么我去。

常见关联词：不是……就是……、是……还是……、或者……或者……、要么……要么……、与其……不如……、宁可……也不……。

示例：A、B 两件事摆在面前，应该优先做哪一件事？

启示：这是管理决策问题，在运用十字矩形图与矩阵图等决策评价法时，一是要注意评价指标选择的重要性与 MECE 原则，二是要注意其先决条件：你是否有权选择。

10. 对比关系

A 同 B 比较，得出相似性或差异。

示例：车载称重系统用的传感器与公路称重系统用的传感器，虽然都是动态传感器，但对其动态过载能力的要求是不同的，由于车辆在转弯、颠簸、上下坡过程中，载荷分布变化很大，而在设计车载传感器时没有充分考虑到这些情况，导致了试验过程中的质量问题。

启示：逻辑学中的类比法就是运用对比关系，在关注相似点时，一定要注意不同点，避免类比得出错误结论。

11．否定关系

显性否定：

这样不行吧？

隐性否定：

那样做是否更好呢？

双重否定：

这个会议，你不能不去。

没有发现不正常情况。

反例：

这件事我们以前做过，没做成，所以你也别去做了。

启示：

八大消极思维定式让我们失去判断力，有时会轻易地否定自己认知范围以外的事，妨碍了我们的创新性；有时也会轻易地相信一件事，使得我们跟风盲从。

4.3 逻辑定律

正确的逻辑思维应当具备确定性、无矛盾性、明确性、陈述理由的可信性，而同一律、矛盾律、排中律、充分理由律正反映了这样的逻辑思维规律，因此被称为形式逻辑四大定律。

4.3.1 同一律

不能偷换概念，要求人们在同一思维过程中，即在同一时间、同一关系下：

（1）必须保持概念的同一，否则就会犯混淆概念或偷换概念的错误。

（2）必须保持论题的同一，否则就会犯转移论题或偷换论题的错误。

作用：保持思维的确定性。

1．混淆概念或偷换概念

把两个不同的概念混淆起来，并替换概念，表现为：

（1）随不同的表达需要随意变更概念的内涵和外延。

（2）将同一词语在不同语境中表达的不同概念混为一谈。

（3）通过把两个不同的概念混为一谈，偷换概念。

示例1：难得糊涂（混淆不同语境中的概念）。

领导：小王，你去检查一下这次事故产生的原因，一定要检查仔细了。

小王：领导，昨天您不是同我说，凡事不要太较真吗？

领导：我昨天说的是在生活与日常工作事务中处理人际关系时让你要好好理解"难得糊涂"四个字，凡事不要太较真，你怎么能乱用呢。

示例2：做一次试验（不能正确理解概念外延）。

领导：小赵，你今天把××仪表好好再去做一次试验，看看在运行中为何产生了信号突变。

小赵：领导，我做完试验了，这是试验数据与曲线图，确实有信号突变。

领导：突变是怎么产生的？是在什么条件下产生的？试验时周边电源负载、人员、被测对象等有何异常？

小赵：这……我没注意，您也没交代应该观察什么呀。

领导：就这一组数据吗？其他的呢？

小赵：就这一组，您不是交代再做一次试验吗？

领导：……你去人事部报到吧，这件事办一次就可以。

示例3：鲁迅的"我有钱"（偷换概念内涵）。

有时故意违反同一律规则，却可以创造出特殊的说话效果。

鲁迅在厦门大学任教时，校长林文庆经常克扣办学经费。在一次校务会议上，校长又提出要克扣一笔经费，教授们纷纷反对。校长说："学校的经费是有钱人拿出来的；只有有钱人，才有发言权！"鲁迅站起来，从口袋里摸出两个银币拍在桌上，说道："我有钱，我也有发言权。"

2．转移论题或偷换论题

在同一思维过程中：

（1）用一个不同的命题代替原来的待断定命题。

（2）在思考或谈论问题时，没有中心论题或者远离中心论题。

（3）在做工作或写报告时，不能偏题、跑题。

示例：构建嵌入式软件开发架构（跑题）。

领导：今天给你们课题组下达一项任务，为避免嵌入式软件的大量重复开发工作，要求提交"嵌入式软件开发架构"，在 3 个月内完成任务。

课题组：到了时间点，提交了一份××仪表嵌入式软件开发的说明书。

领导：什么是架构？架构是否应该有通用性？你们提交的是通用、可复用架构吗？

4.3.2 矛盾律

要求在同一思维过程中，对同一对象不能同时作出两个矛盾的判断。

作用：保持思想前后一贯，不能自相矛盾。

1．自相矛盾

同时肯定了互相矛盾的命题。

示例 1：所有人都交作业了，但有的人却没交。

示例 2：我赞成全部项目都应该招标，但有的可以议标。

示例 3：5 个报告都交了，除了××单位的 3 个，下周五安排评审。

示例 4：电机振动是否会导致信号被干扰？

小王：今天我做了检查、试验，这个信号干扰不是电机振动导致的。

领导：那是什么原因？

小王：是电机振动与滚筒平衡性能差共同导致的。

示例5：新员工的成长。

新员工没工作经验，这个报告他写不好，教他写太费劲，还是我自己动手写吧。

分析：让新员工写，则写不好；不让他写，他没有锻炼的机会又怎么能写好？

启示：我们带新员工要有耐心，必须创造机会让他们动手，自己做好指导与监督，一次大改、二次小改，一般三次过后便可脱手了。

示例6：流程制度与创新能力。

我们要严格按照做事的逻辑梳理出流程及其相关的制度文件，做到规范化管理；要充分发挥员工的主观能动性，推动各项工作的创新变革。

分析：按流程制度严格办事，个人无权随意变动，如何创新？不停地做创新变革，常常推倒重来，又如何能固化流程、规范管理并在前人积累的基础上持续改善管理？

启示：流程与制度建设不是将所有事规定得越细越好，不同场景需要注意其颗粒度，如生产工艺等需要稳定控制的工作要做细；而对于创造性的工作，如研发流程等却不宜过细，且可根据实际情况酌情裁剪，要符合实际工作过程。

2．悖论——一种特殊的逻辑矛盾

即通过一个命题的真，可以推假，而通过它的假，又可推真。

示例：理发师悖论。

1919年，英国著名数学家、逻辑学家罗素曾经提出这样一个问题：某村子里有个理发师，他规定，在本村我只给而且一定要给那些自己不刮胡子的人刮胡子。请问这个理发师给不给自己刮胡子？

这是数学史上著名的理发师悖论，请分析这里面包含的逻辑矛盾。

分析：理发师给不给自己刮胡子呢？只有两种情况：不给自己刮，或者给自己刮。

如果理发师不给自己刮胡子，那么按照他的规定（我一定要给那些自己不刮胡子的人刮胡子），他就应该给自己刮胡子。这就是说，从理发师不给自己刮胡子出发，必然推出理发师应该给自己刮胡子的结论，这本身就构成逻辑矛盾。

如果理发师给自己刮胡子，那么按照他的规定（我只给那些自己不刮胡子的人刮胡子），他就应该不给自己刮胡子。这就是说，从理发师给自己刮胡子出发，必然推出理发师应该不给自己刮胡子的结论，这本身也是一个逻辑矛盾。

职场中就常常会遇到各种悖论，如决策悖论、节俭悖论等。

4.3.3 排中律

在同一时间和同一条件下，对同一对象所做的两个矛盾判断不能同时都假，必有一真。

作用：保持思维的明确性，避免混乱。

1. 两不可

对于相互矛盾的命题同时不予肯定，或者含糊其词，无主见。

示例：数字化转型之路径。

我们买了 20 多种软件，花了不少钱，到现在数据孤岛问题依然严重，尝试多种方法想消除孤岛，感觉难度极大，对此几乎不抱希望了；听说有另外一种途径可搭建起一体化平台，可目前为止绝对大部分企业都采用与我们一样的路径呀？新的路径不可能吧？

启示：任何一种创新，之所以创新，是因为老路径有问题；但习惯性、从众性思维的强大，又让人不敢轻易相信创新——大家都没做成他怎么可能做成呢，所以导致各种创新成果在推广初期都需要一个认可度从低到高的漫长过程。

2．两均可

对于相互矛盾或冲突的命题同时不予否定，或者含糊其词，和稀泥。

示例：该先做哪件事。

甲：重要/不紧急的事先放一放，把××客户的事先处理了。

乙：不行啊，我干的这件事很重要，已反复被中断，不能再拖延了。

丙：其实吧，你两人别争论了，说得都有道理。

4.3.4　充分理由律

论证应有根有据、理由充分。

（1）在论证过程中，一个论题的提出要有充足的理由，同时理由必须真实。

（2）论据真的前提下，不能合乎逻辑地从论据中推出论题，也是一种逻辑错误。

示例：他通过了 PMP（项目管理师）考试，并取得了证书，他的项目管理水平应该得到了快速提升。

启示：事实可能并非如此，取得了证书并不能表示他的项目管理水平得到了明显提高；在目前应试教育的背景下，知识必须通过项目管理实战训练与实践，才能转换为实际工作能力。

4.3.5　常见逻辑错误

常见逻辑错误除违反上述四大定律及基本逻辑关系外，还存在以下几种。

（1）同语反复和循环定义

示例 1：同语反复错误。

形式主义者就是形式主义地观察和处理问题的人。

示例 2：循环定义错误。

若把奇数定义为偶数+1，那么偶数就是奇数+1得到的。

示例 3：答案便是隐含的提问。

少数服从多数与多数服从少数，哪个是对的？

答：谁对听谁的。

（2）倒因果

把原因与结果弄反了。

示例：老板就给我这么多钱，我只能干这么多活。

（3）以偏概全

示例：这人素质太差，今年你们新招进来的人都是这样的吧！

4.4 认识事物的层次

人们认识事物的层次可分为信息层面、逻辑层面和假设层面，而底层思维的"三观"又是人生的正负号，如图4-2所示。详细内容请参见《复盘：对过去的事情做思维演练》。

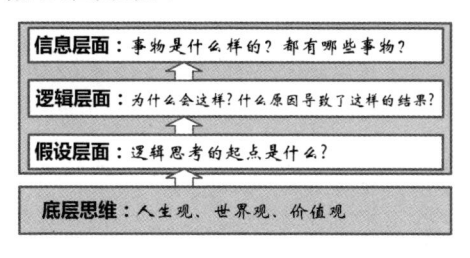

```
信息层面：事物是什么样的？都有哪些事物？
         ↑
逻辑层面：为什么会这样？什么原因导致了这样的结果？
         ↑
假设层面：逻辑思考的起点是什么？
         ↑
底层思维：人生观、世界观、价值观
```

图 4-2　认识事物的层次

1. 信息层面

针对什么事情？达成目标的程度如何？谁参加了？做了什么工作？遇到了什么情况？

信息层面应是纯事实呈现，只提供信息，理清与目标的差距，不夹杂任何观点。

注意：不要混淆事实与观点，事实是不可改变的，不需要辩论，只需要挖掘与证明；观点是可变与可辩的。

示例 1：吃榴梿。

事实：这是个榴梿。

观点：有人说它很好吃，有人说它不好吃。

合起来是观点：榴梿这种水果，有人说它很好吃，有人说它不好吃。

示例 2：我最近在开发数字传感器芯片，工作难度很大。

事实：我最近在开发数字传感器芯片。

观点：工作难度很大。

示例 3：本季度某产品销售目标为 100 万元，但只完成了 50 万元。

① 纯事实呈现：

问：现在完成情况如何？

答：只完成了 50 万元。

② 观点性回答：

问：现在完成情况如何？

答：虽然只完成了 50 万元，但就当锻炼了队伍，为后面任务的完成奠定基础。

2. 逻辑层面

我们需要透过信息层面的现象，去思考问题的本质。为什么会出现这样的情况？引发这一件事的根本原因是什么？如何去寻找"根本解"？

这就需要我们具备运用分析与综合、分类与比较、归纳与演绎、抽象与概括等逻辑方法来思考与解决问题的能力，把握逻辑关系、逻辑规律的能力，以及各种结构化表达能力等。

3. 假设层面

假设层面的改变，会带来认识和行为的改变。

下面这个故事就清楚地说明了不同的假设是如何影响人们选择信息以及解读信息的。

第4章 逻辑思维导论

> **疑邻盗斧**
>
> 从前有个人，丢了一把斧子。他怀疑是邻居家的儿子偷去了，便观察那人：
>
> 那人走路的样子，像是偷斧子的；
>
> 看那人的脸色表情，也像是偷斧子的；
>
> 听那人的言谈话语，更像是偷斧子的。
>
> 总之，那人的一言一行，一举一动，无一不像偷斧子的。
>
> 不久后，他在翻动谷堆时发现了斧子。第二天又见到邻居家的儿子，就觉得言行举止没有一处像是偷斧子的人了。

4．底层思维

而你为什么选择这种假设而不是那种假设，则与你更底层的思维有关。这个底层思维，最常见的是所谓的"三观"——人生观、世界观、价值观。

如何才能从信息层面的认识，进入逻辑层面和假设层面的认识层次呢？逻辑思维系列课程学习与训练、工作中的沙盘推演/项目策划→复盘推演等是重要的提升途径。

4.5 逻辑思维的层次

逻辑思维种类有很多，作者为此进行了提炼筛选，旨在根据职场工作的需要，沿着点→线→面（二维）→体（多维）→系统思维的训练路径，逐层提升员工的思维能力。各层次的思维水平及其特征说明如下。

1．点状思维

单点思考，不会关联思考。其思路可能来自他人指点、传统惯性思维、直觉思维等。

工作中的典型特征：就事论事，不拨不动；拨一下，动一下；动手做了，还极易偏离目标或直接跑题。

示例：某型数字模块应用于数字传感器，在测力机台上标定时，数据大幅度跳动。

工作过程：信号接地是否良好？加上电源隔离模块试试？

评论：事前无结构化的分析，想到哪里试到哪里，一旦现象消除，便自认为解决了问题，结题了事。实际上，问题没有根除，后续使用中还可能出现其他问题。

2．线性思维

由单点引发，会关联思考其前后的因果关系：为什么会产生这样的问题？这个问题又会引发何种问题？

工作中的典型特征：具有初步的思维能力，对领导交办的简单工作能主动思考前因后果，能较好地完成任务。

工作过程：在上面的示例中，若确定是电机干扰导致的，那么应采用何种隔离方法？选用何种器件？器件的选型要求是什么？

评论：可以针对师傅交代的具体问题追踪处理，但电机干扰是否只是采用隔离方法就能解决呢？是否需要多措并举、综合解决呢？

3．面状思维

由问题引发，通过合理的分类规则（符合 MECE 原则）对问题原因进行分类与追踪，去发现问题、分析问题、解决问题。

工作中的典型特征：具有较强的思维能力，对领导交办的一般工作，能主动进行多因素思考分析，能较圆满地完成任务。

工作过程：先进行问题原因的分类；然后再按 5Why 方法不停追问，运用结构化思维进行思考与表达，直至找到真正的原因；最后同样运用结构化思维，直至解决问题。

评论：可以完成当前问题的追踪处理，但该问题与运营环境有关系吗？以前的产品出现过类似问题吗？其他产品是否也有此类问题呢？

4．立体、多维思维

由问题引发，在上述面状思维的基础上，进一步叠加其他思考维度全面研究，彻底解决问题。

工作中的典型特征：具有很强的思维能力，能组织或承担复杂工作，有能力全面解决技术问题，做好技术归零工作。

工作过程：发现与解决当前问题，做好技术归零；增加思考维度，举一反三，考虑其他产品是否发生类似问题及防止类似事件的再次发生；进一步增加时间思考维度（过去、现在、将来的问题演变）、环境思考维度（若产品使用地在其他地方会怎么样）。

评论：技术问题往往是由于管理问题导致的，把技术问题解决了是"症状解"——治好了已病之病，背后的深层次原因可能仍然存在，怎样治好未病之病，做好"根本解"才是最终的解决之道。

5．系统思维

由问题引发思考，透过现象看本质，求取"根本解"。

工作中的典型特征：具有极强的思维能力，能领导组织解决复杂的系统性问题，做好管理归零工作。

工作过程：全面发现与解决问题，做好技术归零与管理归零工作。

评论：能透过现象看本质，做好"根本解"，治好未病之病，才是一流的管理高手！

示例：透过产品频繁出现质量问题，使企业处于常态化的"救火"状态这一现象，去分析企业运营背后的结构与模式，定位与解决深层次的管理问题。

逻辑思维能力的不足，制约了学习与工作能力的提升；逻辑错误的存在，致使工作中常出现失误，甚至造成各种损失。在后续章节中，将逐渐展开逻辑思维能力提升的学习与探讨。

第 5 章 逻辑初级入门

本章从解决问题的逻辑原理入手，讲解麦肯锡金字塔原理的结构化快速表达，基于串并联关系及 MECE 原则的精准表达，日常发现问题、评估与决策、解决问题的结构化分析工具。

5.1 解决问题的逻辑原理

我们的一生，是在发现问题、探究原因、制定方案、采取行动中度过的，其中每一次经历，都是我们思维能力升华的阶梯。解决问题的逻辑原理如图 5-1 所示。

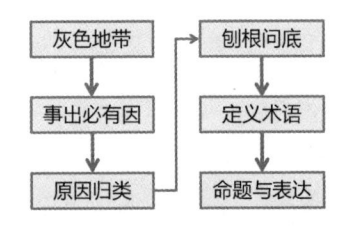

图 5-1 解决问题的逻辑原理

5.1.1 灰色地带

在我们通过看、闻、品、触获取信息后，会对信息进行分析、加工、转换和表达。在我们明确了信息的真假后，会去思考应对方案并采取相应的行动；但就是因为常常会遇到不明真相的事物，即灰色地带，让我们苦苦求索去寻找答案。

真相不明时常常让我们烦恼，要尽量避免陷入这种困境；注意回避与我们无关的事；事关我们工作、生活的事情，在真相不明时切勿盲动，要在运用合理的方法探明真相后再采取行动。

示例1：开发产品时在需求不明的情况下，切勿盲目动手，否则将陷入多次变更迭代中。

示例2：接收到产品质量问题信息后，切勿盲目处理，要先分析和探究其原因，再制定措施并采取行动。

示例3：在与他人交谈时，一定要注意倾听，理解真实意图后，再发表意见。

5.1.2 事出必有因

充分理由律告诉我们，事物的存在不是偶然的，事出必有因。原因一般分为直接原因和间接原因。直接原因是不经过中间事物，直接与既定对象进行关联的；间接原因是在与既定对象发生关联时，必须借助一个中间媒介才能产生关联的，没有中间媒介就不会产生关联。

直接原因又可分为三类：人的原因、物的原因、环境原因。

在企业经营过程中产生各种问题的直接原因，通常是信息层面看得见的"症状"表现；而问题背后的间接原因，如管理水平低、员工能力差，却往往是导致问题产生的根源。

示例：仪表信号不稳。

（1）直接原因：经查是电容被击穿，再查是由于电流过大导致的。

当然，如果按字面去理解，电流过大也是间接原因，电容被击穿失效才是直接原因。所以，所谓的直接与间接也是相对的，在分析复杂问题时可按问题原因的层级去划分直接原因和间接原因。

（2）间接原因：再仔细检查，是设计人员缺少经验，计算错误导致的。

如果把上述直接原因与间接原因的概念泛化，理解为质量问题的技术原因与管理原因，则军品关闭质量问题所用的"双五"归零法——技术归零与管理归零,就是要求定位所有直接原因与间接原因并加以关闭。

5.1.3　原因归类

事出必有因,但分析问题时首先必须思考与厘清可能产生问题的类别,然后才能去分类分析追溯。

以产品生产质量问题为例,可从人、机、料、法、环、测等 6 个方面去分析和追溯质量问题产生的原因。

日常管理问题,可以按 5W2H、项目管理各要素等分类视角去分析和追溯。

5.1.4　刨根问底

确定分类后,针对每一个类别,可先参照 5Why 的追问思路,刨根问底,追踪并列出问题可能产生的各种原因;再综合分析,确定问题的根源。

5.1.5　定义术语

在进行问题的分析和追溯中,提炼出问题的概念,定义出缩略语,以便于理解与分析。

在看报告和文章时,经常会遇到大段的文字,有时需要通篇阅读后才能明白。如果我们能提炼出一个缩略语作为该段落的标题,结果就不一样了。

5.1.6　命题与表达

最后,我们需要将所获取的信息、过程思考、行动的结果加以表达。有关直言命题(全称肯定、全称否定、特称肯定、特称否定)、普遍命题等理论性太强的内容这里不再叙述。

5.2 逻辑五步法应用

本节以麦肯锡公司的金字塔原理运用为核心,参考《逻辑思维,只要五步》的理论,结合实际工作需要,介绍一种快速提升结构化思维能力的入门五步法应用实践。

5.2.1 金字塔表达的由来

"麦肯锡30秒电梯理论"来源于麦肯锡公司一次沉痛的教训。该公司曾经为一家重要的客户做咨询,咨询结束时,麦肯锡公司的项目负责人在电梯里遇见了对方的董事长,该董事长问麦肯锡公司的项目负责人:"你能说一下现在的结果吗?"

由于该项目负责人没有准备,而且即使有准备,也无法在电梯里从30层到1层的30秒内把结果说清楚。最终,麦肯锡公司失去了这一重要客户。

由此,麦肯锡公司开始思考如何做到快速表达的方法,形成了金字塔表达结构。

5.2.2 用金字塔组织语言

结论先行。

纵向:疑问/回答,因为/所以。

在向领导汇报工作时,先给出结论,然后阐述理由,再用事实或数据去支撑理由,使理由更充分。金字塔图如图5-2所示。

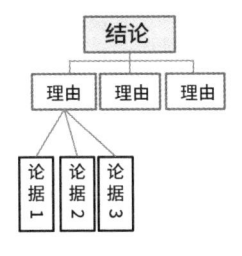

图5-2 金字塔图

5.2.3 用树状图解决问题

横向:演绎、归纳、MECE 原则。

在发现、分析、解决问题的过程中,用树状图(逻辑树)做结构化分析与表达,如图 5-3 所示。

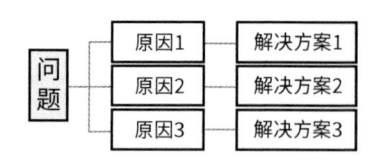

图 5-3 树状图(逻辑树)

5.2.4 快速表达步骤

在已知答案的情况下:

(1)先给出结论并列出支持结论的理由。

(2)检视理由的串、并联关系。

(3)使理由的表达符合 MECE 原则,并用金字塔结构图进行表达。

在未知答案的情况下:

(4)用树状图表达,先找出问题的原因或解决方案的选项。

(5)用矩形图或矩阵图表达,给出对选项的评价或决定。然后转(1),用金字塔图表达。

逻辑五步关系如图 5-4 所示。

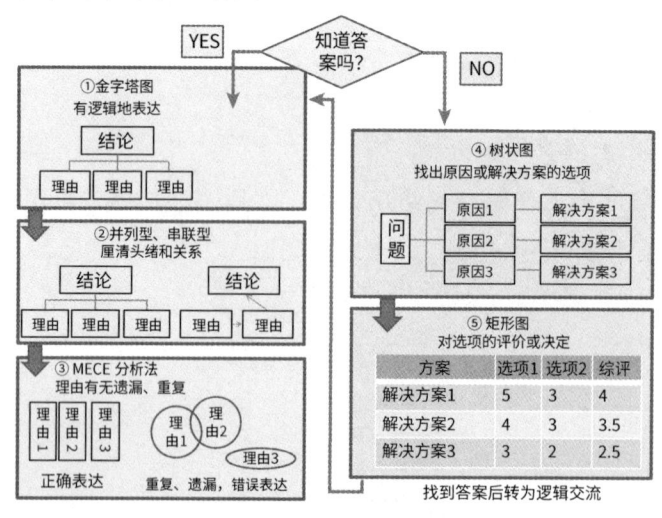

图 5-4 逻辑五步关系

5.3 金字塔快速表达

5.3.1 基本表达方法

基本表达顺序：论点→结论→理由→行动。金字塔基本表达结构如图 5-5 所示。

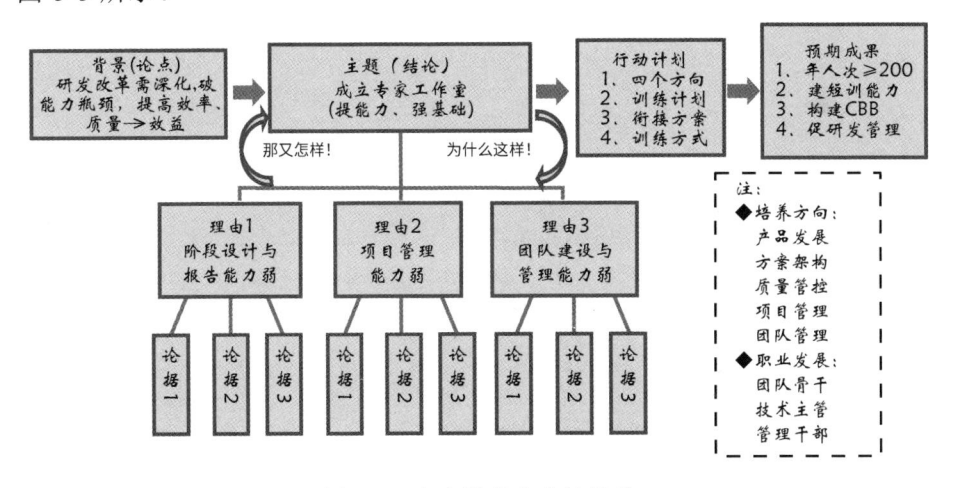

图 5-5 金字塔基本表达结构

1．论点

背景+问题，即先阐述问题的背景，然后提出存在什么样的问题或疑问。

2．结论

让论点（问题）的回答成为结论。

在汇报工作时，要结论先行，让对方在短时间内能明白你要表达的核心观点。

3．理由

充分理由律告诉我们，为让他人信服，一个论题的提出要有充足的理由，同时理由必须真实。

（1）数据

用具有代表性或普遍性意义的数据做支持，是最可靠的证据。

（2）一般常识、事例积累

普遍认可的逻辑、相关案例的经验或教训。

（3）已被决定的判断

决议、指示等。

（4）制度与规定

标准、规范，公司内部制度、规定等。

（5）连续性、规律性数据或事件

趋势、预测等。

4．行动

我们准备怎样开展后继的行动呢？

可以接着表达我们的行动方案、行动计划、执行监督措施等。

5.3.2　表达的变化

"论点→结论→理由→行动"是金字塔原理的基本表达方式，它可以随实际情况进行调整，产生诸多的变化。

1．简单变化

（1）理由替换。理由可以替换为结论所包含的内容及方法等。

（2）表达横向扩展，如论点→结论→理由→行动方案→行动计划→监督措施。

（3）表达纵向扩展，如理由的理由、内容的内容、方案的方案等。

2．复杂变化

（1）多金字塔级联

横向：依据推演关系展开，如论点（背景、问题）→结论→理由→行动方案→行动计划→监督措施；也可依据具体表达需要，适当调整表达内容，如探讨、启发性培训的报告会把结论放在后面。

纵向：将横向的每一项纵向展开为多个层级。

多金字塔级联表达如图 5-6 所示。

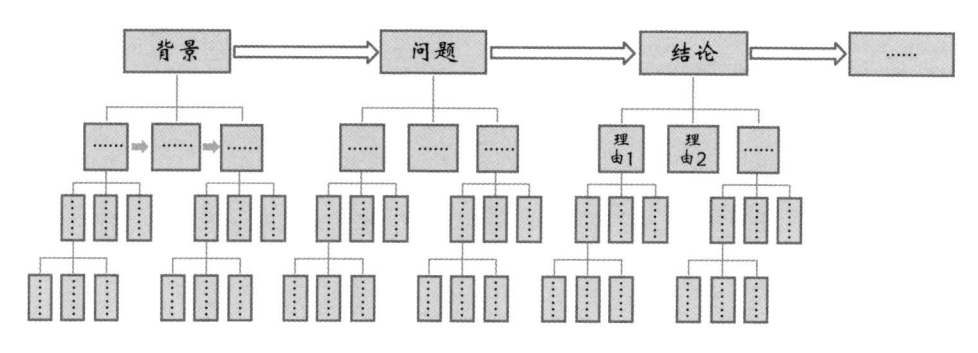

图 5-6　多金字塔级联表达

（2）报告目录构建应用

在编写 Word 报告时，需要提前构建报告的目录，多金字塔级联关系即对应着目录结构。

Word 一级目录对应金字塔表达的最顶层推演关系，Word 二级目录对应一级目录下的横向推演关系；上下级目录之间是纵向的因果关系。

5.3.3　表达的四个基本原则

（1）结论先行：每篇文章只能有一个中心思想，并且放在前面。

（2）以上统下：上一层的思想必须是对下一层思想的总结概括。

（3）归类分组：每一组中的思想必须属于同一范畴。

（4）逻辑递进：每一组中的思想必须按照逻辑顺序排列。

5.3.4 常见问题

（1）理由不充分。

（2）理由间逻辑关系混乱。

（3）同语重复定义。

（4）用词不精练。

（5）讲解能力弱。

5.4 串并联表达

我们在日常工作中，常用串联（演绎）或并联（归纳）的关系，把理由与结论连接起来。

5.4.1 串联（演绎）

演绎是从一般性的前提推出个别性的结论，前提与结论之间的联系是必然性的。

1. 三段论推理

三段论推理是演绎推理中的一种简单推理，详见第 6 章"归纳与演绎"部分。

2. 基于规则的推理

依据事实，使用规则求解问题的过程。由规则前提推导出结论的过程称为正向规则推理，由规则结论寻找规则前提的过程称为反向规则推理，如图 5-7 所示。

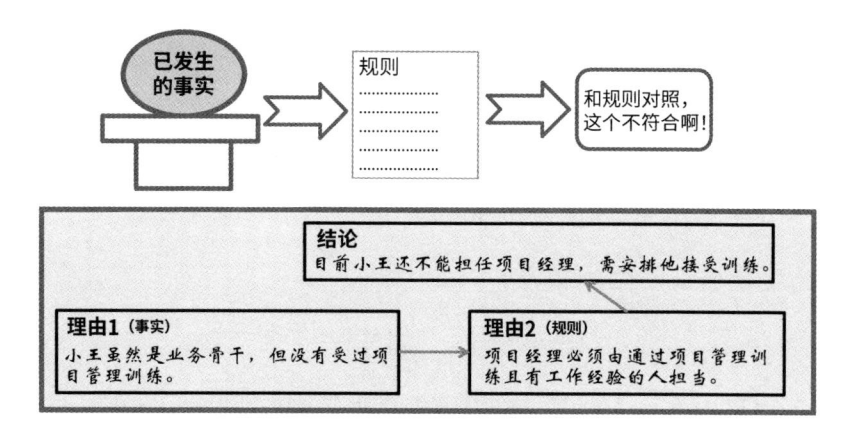

图 5-7　基于规则的推理

5.4.2　并联（归纳）

归纳是从个别性的多个前提推出一般性的结论，前提与结论之间的联系是或然性的，如图 5-8 所示。

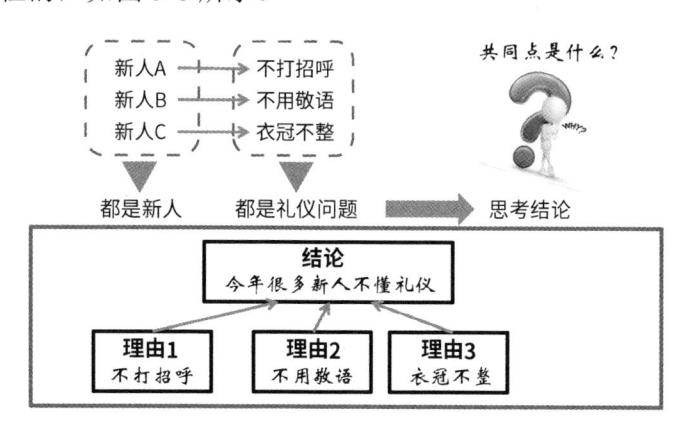

图 5-8　归纳新人的共同点

5.4.3　串并联应用

用金字塔原理表达（参见图 5-5），其上下、左右关系如下。

1. 金字塔上下之间关系

上下之间是串联关系,主要是基于三段论或规则推理得到的因果关系,是多层理由,层层支持最上面的结论。

2. 金字塔左右之间关系

(1) 顶层论点→结论→理由→行动之间,概念上是并联关系,但逻辑顺序上是串联关系,主要是归纳及演绎推理得到的工作递进关系。

(2) 同层级理由间是并联关系,但当理由前后的排序有明显的逻辑顺序关系(时间、空间、重要性、演绎)时,应尽量按逻辑顺序关系排列。

5.5 MECE 原则

分类是分析问题的基础,需要遵循 MECE(不重不漏)原则。

5.5.1 基本概念

支撑上层论点的所有论述,彼此相互独立且完全穷尽,每个论述都符合 MECE 原则,如图 5-9 所示。

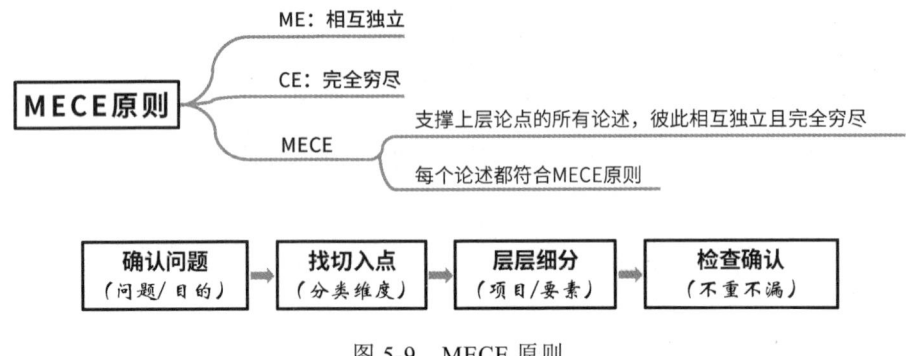

图 5-9 MECE 原则

5.5.2 理解不重不漏

以人的分类方法为例做说明,如图 5-10 所示。由图可知,左边方法未穷尽,未包含全部女人;中间方法未独立,已婚人士与男人有重复;右边方法才是既相互独立且完全穷尽的,即符合 MECE 原则。

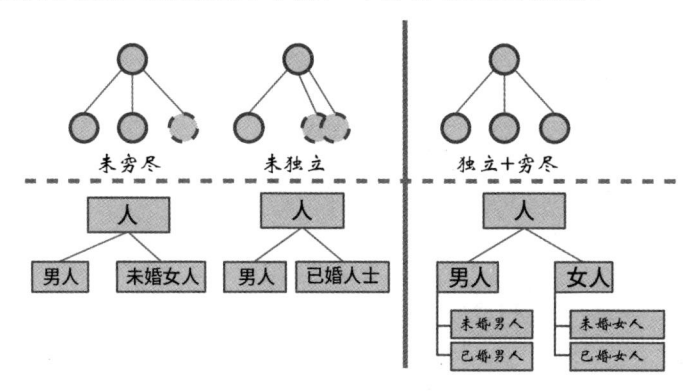

图 5-10 人的分类方法

5.5.3 MECE 表达方法

常用的四类 MECE 分类方法为:某事与某事之外、要素分析、过程分析、公式分析,如图 5-11 所示。

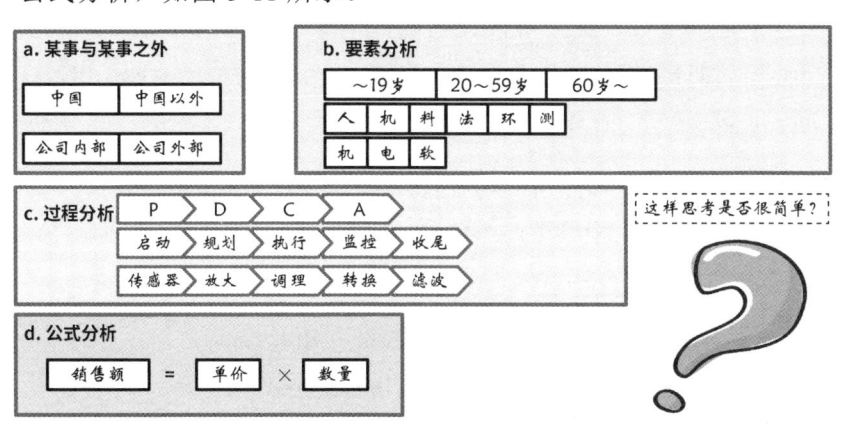

图 5-11 常用 MECE 分类方法

在战略与市场营销中经常用到的 SWOT、PEST、QCD、4PS、3C 等分析方法，就是要素分类法。

5.5.4 常见问题

（1）概念并列不当。

（2）概念包含关系混乱。

（3）概念表述不准确。

（4）分类维度滥用。

（5）无分类规则，想到哪里就写到哪里。

5.6 提高表达精准性

基于 MECE 原则，是分析与表达的基础。在表达时，我们需要准确地传递信息，避免产生歧义且理由令人信服。

5.6.1 准确表达，避免歧义

逻辑四大定律（同一律、矛盾律、排中律、充分理由律）要求我们的表达应当具备确定性、无矛盾性、明确性、陈述理由的可信性。

同时我们的表达还需要精准、明确，避免出现理解的歧义，以 SMART 原则为例说明如下。

S——必须是具体的（Specific）。

M——必须是可以衡量的（Measurable）。

A——必须是可以达到的（Attainable）。

R——要与其他目标具有一定的相关性（Relevant）。

T——必须具有明确的截止期限（Time-bound）。

在表达时，根据实际场景，SMART 各个要素不一定要表达完整，但至少已表达的内容要表达准确,避免产生歧义。

1. 案例分析 1

如图 5-12 所示,某学员所做案例:

【语句 1】"我们分厂质量很差"——不符合"S","质量"所指不具体,听者不明白是指"什么方面的质量",容易产生歧义。

【语句 2】 问题同语句 1。

【语句 3】"视情况"——不符合"M","情况"状态无标准,难判定,听者对"情况"的严重程度理解标准不一致。

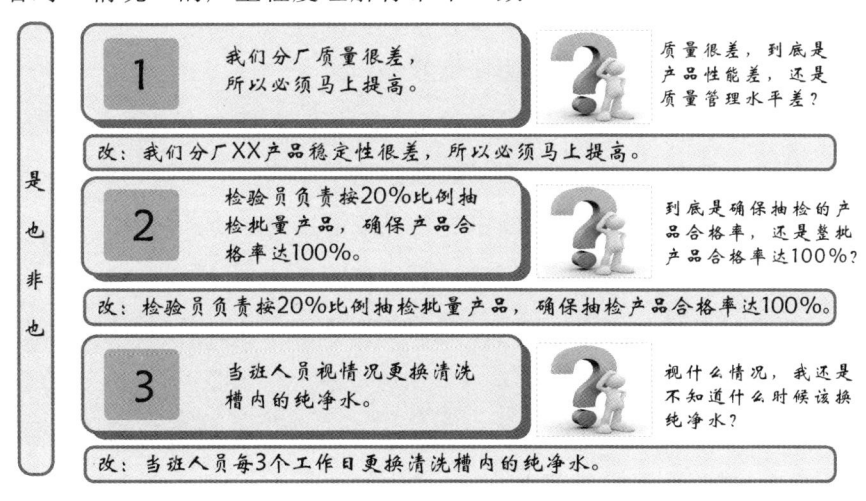

图 5-12 歧义表达举例

2. 案例分析 2

我们已经下达了任务,要求各部门在近期组织人员编制出自己部门的线下体系文件(整合 AOS、GJB 9000 等体系,以及合规、安全、环保等要素),让企业的线下运营体系保持唯一,并确保与上线运营的 Zemic_ZOS 数字化运营系统保持一致;同时,我们的新园区也要开始建设。

思考 1:能满足 SMART 原则中的"A"和"T"吗?

思考 2:新园区建设与分号前的那句话相关("R")吗?

5.6.2　通过假设检验使理由可信

科学假说是对自然奥秘的有根据的猜测，它是人类洞察自然的能力和智慧的高度表现。任何假说的提出都以一定的相关事实作为支持它的证据，或用一定的相关原理作为论证它的理论前提。假说作为一种猜想，它是在科学知识的土壤里生长的。

1．假设的作用

日常生活中，常常通过使用假设去表达某种愿望或可能性。例如，假设今天天气晴朗，我打算到湖边锻炼身体。

职场中我们常常要表达观点或做工作汇报，在通过表达理由去支撑结论时，需要符合充分理由律；为了加强结论（或理由）的可信度，又会用到假设，以此来消除人们对不确定性及风险的疑虑。

例如，通过调查比对分析，我认为应该选择 B 供应商（结论），因为（理由）B 供应商供货的价格适中、质量满足要求、交付及时；唯一风险是 15 天的供货周期在他们 7 月至 9 月的销售旺季无法保证，可能会延长至 20 天。但我认为这不会成为障碍，可提前下单订货，即使供货期延长至 30 天（假设），也不会影响我们的生产。

2．假设的时间

（1）事前假设

若在下周与 C 公司的样机实操 PK 中，再出现这样的异常噪声，估计就要失败了，一定要找到原因并将它排除。

说明：此时"出现这样的异常噪声"并非事实，而是一种"可能"。

（2）事后假设

若在昨天与 C 公司的样机实操 PK 中，假如不出现这样的异常噪声，估计就可能成功了，回去后一定要总结经验教训，防止类似现象再次发生。

说明：此时"出现这样的异常噪声"已成事实，"假设"对此次事件本身已无意义，只能在未来进行防范。

3．常见问题

（1）用假设去检视已成事实的理由

例如：我认为在下周与 C 公司的样机实操 PK 中，我们胜出的概率较大；因为在测试精度、控制响应速度、运行噪声这三项指标上我们有优势，其他指标都不会影响 PK 的结果。但是，若 PK 时再出现这样的异常噪声，我们胜出的概率就小了；还有，假如控制响应速度不及预期，也会降低胜出概率。

思考1：运行噪声控制究竟有无优势？我们胜出的概率是大还是小？

思考2：控制响应速度不及预期的可能原因？发生概率？

（2）假设本身不成立

例如：假设环保局同意的话，我建议在我们园区建个镀锌车间，免得每次送出去那么远。

思考：环保局的政策短期会改变吗？该假设有可能成立吗？若不能成立，则该段话有用吗？

5.6.3 反向思考，检视漏洞

对同一件事情，不同人持有不同观点，无法形成共识时便会引发讨论或争论；为了加强自身观点，需要使理由变得更加充分，除了运用上述的假设，我们应通过反向思考尽量去检视存在的漏洞。

如图 5-13 所示，针对是否承揽××电动汽车试验台项目，正方观点认为应该承揽，并给出了三条理由；但反方提出了反对意见，也给出了相应理由。双方为了说服对方，便会展开辩论。

对自己提出的观点或理由，我们要换位思考，站在对方的立场去思考问题，即反向思考，进行自我批判，检视漏洞，加固理由，让他人难以辩驳。

思考1：加强合作、技术储备、开发难度低是不是我们应该承揽的关键理由？

思考2：辩论逻辑正确吗？你说"有利于加强合作"，我反驳说"利润低"，正、反方辩论时针对对方的观点，相互之间有回应吗？

思考3：正论对还是反论对？为什么？辩论是否充分？就凭这几条理由就决定支持正方，能否让反方信服？

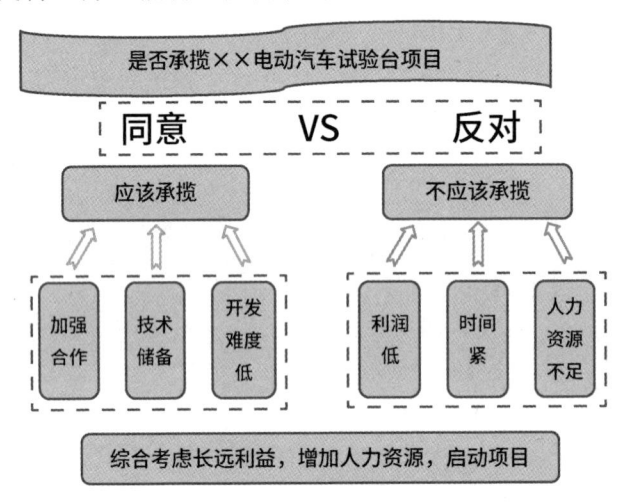

图 5-13　反向思考

5.7　结构树

先用 Why 树分析问题的原因，并进行问题定位与排序，再用 How 树列出解决问题的措施，进而给出组合解决问题的方案。

1. 基本结构

以中航电测物流分选系统（DWS）在开发过程中发现的信号不稳问题分析为例，如图 5-14 所示，将 Why-How 树串联使用，去分析问题的原因→制定解决问题的方案；若第一轮未能彻底解决问题，可再按此步骤进行第二轮、第三轮，直至解决问题。

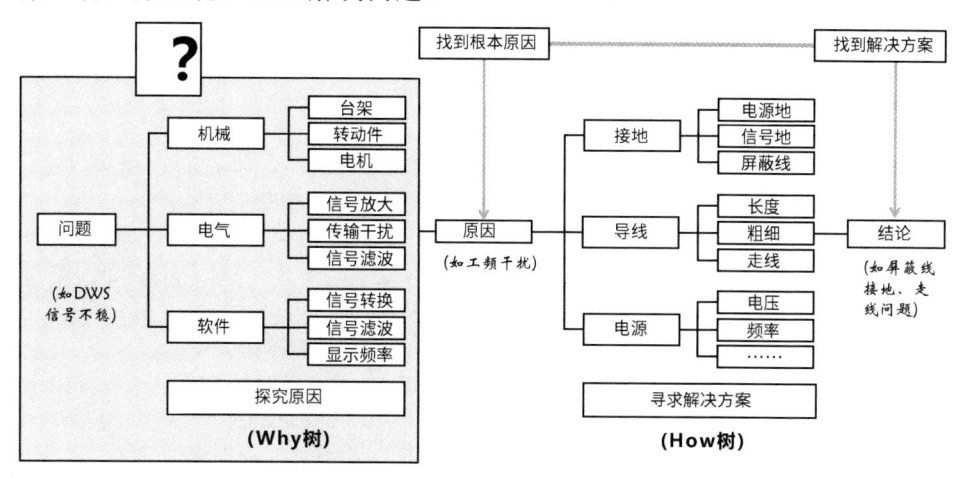

图 5-14 Why-How 树连接

2．Why 树深究原因

（1）依据 MECE 原则构建分类。

（2）依据 5Why 追问，深究问题的原因。

（3）分析问题的因果链。

（4）分析问题的重要性、紧急性。

问题来自现实与目标之间的差距，需要构建问题的结构化分析步骤去分析问题。

3．How 树寻求解决方案

（1）依据 MECE 原则构建分类。

（2）连续追问 How，寻求解决方案。

（3）假设思考帮助提高效率。

（4）分析方案与问题间的对应关系，提出与评估最优的综合解决方案。

（5）依据问题的重要性、紧急性，对解决问题的优先级进行排序。

需要构建结构化思考行动方案去解决问题。

5.8 决策矩阵

5.8.1 矩形图评估决策

在先用 Why 树分析与发现问题原因，再通过 How 树思考若干解决方案后，需要对解决问题的方案进行评估决策，选择最优方案。

1. 十字矩形图

我们通常可以选择两项评估指标，例如选"改善效果"和"改善可行性"来评估解决问题的优先顺序，并将"改善效果"作为横坐标，"改善可行性"作为纵坐标。

选择若干主要的方案选项，用十字矩形图进行评估。

2. $n \times n$ 矩形图（矩阵图）

在面对多项评估指标时，可以将指标项作为列项，待评估方案项作为行项，构成评估矩阵，做加权评估，一般可用 5 分制或 10 分制。

5.8.2 严重的决策误区举例

在工作中，影响企业发展最重要的决策误区之一，是针对紧急/重要事件处理的优先级决策问题。

紧急/重要事件决策误区如图 5-15 所示。实际工作中，对于重要但不紧急的事件往往不够重视，只有事件变成紧急后才会真正被排上处理日程；但遗憾的是，此时处理它的工作量已经被翻了几倍甚至百倍。

遇到紧急任务需要处理，可能还需要停下手头重要但不紧急的事情，如何决策呢？

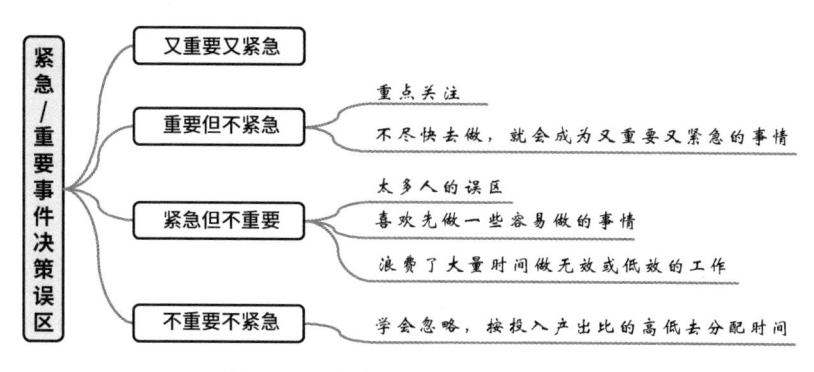

```
紧急/重要事件决策误区
├─ 又重要又紧急
├─ 重要但不紧急 ── 重点关注
│                  不尽快去做，就会成为又重要又紧急的事情
├─ 紧急但不重要 ── 太多人的误区
│                  喜欢先做一些容易做的事情
│                  浪费了大量时间做无效或低效的工作
└─ 不重要不紧急 ── 学会忽略，按投入产出比的高低去分配时间
```

图 5-15　紧急/重要事件决策误区

针对只需花费短时间就能解决的偶然紧急事件，当然需要快速处理和解决。但面对虽可短时间处理但频繁发生的紧急事件该怎么办呢？

（1）针对此类问题，若事事都要快速解决，则会产生如下问题：

◇ 不断延迟重要任务。

◇ 重要任务不断又发展为紧急任务。

◇ 为救火，需不断扩充人力，慢慢进入一种恶性循环。

（2）评估决策。

眼前：针对紧急任务，优先处理质量事件；通过评估，遵循二八原则，舍弃部分低效项目。

长期：提升人员能力，建立分级使用机制，控制问题源头。

5.8.3　决策矩阵应用

针对不同的事件，可以选择符合 MECE 原则的相应分类维度，且从中选取最主要的几个维度进行加权评估，作出决策。目的：使工作的投入产出比最大，或导致的损失最小。如表 5-1 所示，在资源严重不足而无法同时完成任务的情况下，评估 4 个事件处理的优先级。

事件 1：开发某种经济效益较大的重点产品，纯经济事件。

事件 2：上级分配的一项非紧急任务，做一项协助工作。

事件 3：战略性客户请求的某产品紧急定制任务。

事件4：校企合作的重要科研任务，未来会带来巨大的经济与社会价值。

表 5-1 优先级评估

事件	评 估 指 标			
	重要性 （×2）	紧急性 （×1）	综合	优先级 （分数相同时重要性优先）
事件1	4	3	11	4
事件2	2	4	8	2
事件3	3	5	11	3
事件4	5	1	11	5

1. 选择评价指标做评估

可以先按重要性、紧急性作为评估指标（表5-1中取5分制），并做加权计算得到综合得分，再确定优先级，分数相同时重要性高者优先。

2. 评估指标取值理由

（1）重要性

考虑到4个事件的性质，参照PEST分类法，经过适当调整，设定了组织协同、经济价值、客户影响、技术发展四个维度进行加权评估，作出决策，如表5-2所示。

注：对表5-2中的各项取值，如有必要仍然需要加以说明，如此层层支撑，构建多层理由，甚至给出证据，直至令人信服。

表 5-2 重要性评估

事件	评 估 指 标					
	组织协同 （×1）	经济价值 （×2）	客户影响 （×1）	技术发展 （×0.5）	综合	5分制 评估
事件1	0	4	0	0	8	4
事件2	3	0	0	0	3	2
事件3	0	1	4	1	6.5	3
事件4	0	5	0	5	12.5	5

（2）紧急性

事件 1 是正常产品开发活动，其紧急性取中位数 3。

事件 2 虽是非紧急任务，但考虑是上级安排应尽量优先，免得影响上级的全局活动，因此取偏高数 4。

事件 3 是紧急活动，取值 5。

事件 4 是长周期活动，取值 1。

3．方案决策

依据决策矩阵评分得到的优先级处理顺序，进行问题处理决策方案的制定，然后制订相应的行动计划。

事件 4：关系到企业未来的长远可持续发展，必须组成独立项目组以保证正常推进，不能被临时任务不停地干扰。不然的话，长周期重要不紧急的事永远没时间去做，会导致长期竞争力下降，造成企业经营的全局性问题。

事件 1：保证其正常投放市场将给企业带来较大的中长期经济效益，需重点保证，减少临时任务对它的干扰。

事件 3：战略性客户的定制化需求应尽量满足，但在资源有限时，需要综合评估它对公司的战略价值。从对整个公司战略发展造成影响的角度去评估优先级。若评估结果是优先级低，则需要通过其他途径来满足客户需求（如转请公司内外部资源协同、任务外包、协商延期承接等）；若实在无法承接，则做好损失评估。

事件 2：只是一些管理协同方面的工作，在资源不足时尽量避免承接，或转移其他部门承接，或请求外援。当然，若这项任务将带来潜在的、长远的经济与技术价值，或可能造成比较大的负面影响，则应另行评估。

第 6 章 逻辑思维方法

逻辑思维的基本方法有归纳与演绎、分类与比较、分析与综合、抽象与概括。

6.1 归纳与演绎

归纳是从个别性的前提推出一般性的结论，前提与结论之间的联系是或然性的。

演绎是从一般性的前提推出个别性的结论，前提与结论之间的联系是必然性的。

先由现象归纳总结出规律，再用规律演绎出结论。

6.1.1 归纳的概念与类型

如看见的乌鸦都是黑的，按规律去推理：乌鸦是黑的→有人看到一只乌鸦飞过→哦，它一定是黑的。

（1）基本概念

归纳法就是从部分事实中推演出一般原理的逻辑思维方法。

某种事物→分类（可多层细分）→筛选（忽略细节）→提取共同特征→重新形成共性认识。

（2）归纳法的优缺点

优点：能够总结历史发展的一般规律，达到对事物普遍的、共同的、本质的认识。

缺点：对于规律容易发生不完全归纳，易导致以偏概全。

（3）归纳法的类型

① 完全归纳法。

完全归纳法是从全部对象的一切情形中得出全部对象的普遍结论。

数学上的穷举法就是典型的完全归纳法。但实际上许多事物往往含有无限多个对象，根本不可能穷举，因而完全归纳法的应用范围是很有限的。

② 不完全归纳法。

只根据一个或几个（不是全部）对象的情形进行考察，继而推导出结论，这种推理方法叫不完全归纳法。

简单枚举法是根据部分对象所具有的某种属性，概括一般结论的推理方法。

（4）举例说明

例如：中航电测对员工逻辑思维能力进行调查、归纳，并得出结论，制定了应对措施，如图6-1所示。

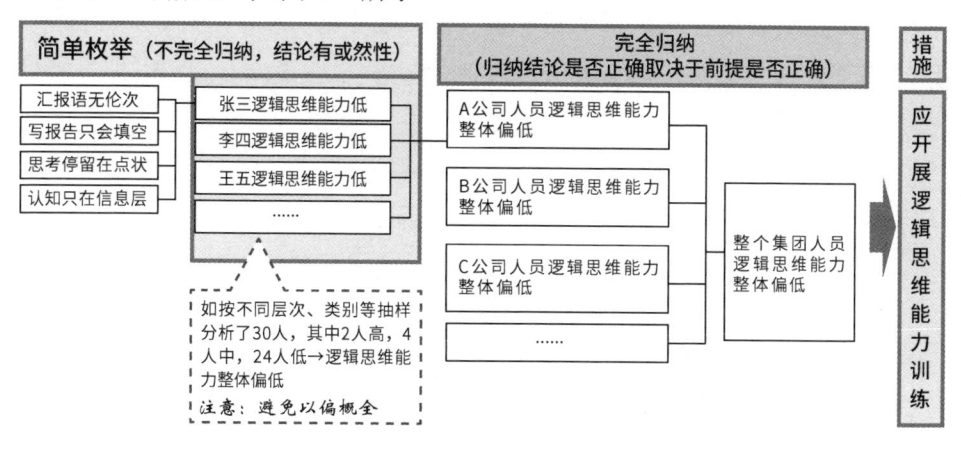

图 6-1　逻辑思维能力调查与归纳举例

调查发现，许多员工在作工作汇报时语无伦次，语言无结构，表达无重点；写报告、文件，套用模板，不知其所以然，只是一味地填空；遇到问题，缺乏系统思维能力，就事论事，常是单点思考；见到、听到外来的一些方法和工具，常常盲目照搬照抄，只见其"形"不见其"神"，理解不了信息背后内在的逻辑。如 A 公司的张三、李四、王五等人存在类似问题，逻辑思维能力低。此段属于不完全归纳，其结论存在或然性。

A 公司的张三、李四、王五逻辑思维能力都偏低，而抽样人群中该问题普遍存在，可以归纳为 A 公司人员逻辑思维能力整体偏低。但因为本次调查只是抽样调查，不能说 A 公司全部人员逻辑思维能力偏低，否则就是以偏概全。

本集团下属 A、B、C 等公司情况类似，因此可以归纳得出结论：整个集团人员逻辑思维能力整体偏低。这是完全归纳法，它的结论是否正确取决于前提（对各公司分析结论）是否正确。

6.1.2　科学归纳法

科学归纳法是从事物的因果关系中揭示事物的必然联系，得出关于这一门类全部对象的一般性结论的推理方法。

科学归纳的过程从认识个别事物开始，通过研究分析，从中发现规律，用定律、公式、架构、规范等进行表达。

1．求同法

求同法即从不同的场合中找出相同的因素。

例 1：数学上的列举法就是一种完全归纳法，如图 6-2 所示。

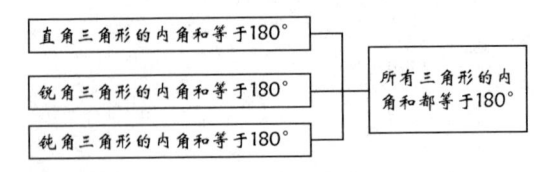

图 6-2　三角形内角和列举

例 2：形成嵌入式软件架构。

所提炼的嵌入式软件开发通用架构，若能适合公司下属所有经营单位，则可以约定为强制性或推荐性，否则约定为推荐性或参考性，如图 6-3 所示。

第6章 逻辑思维方法

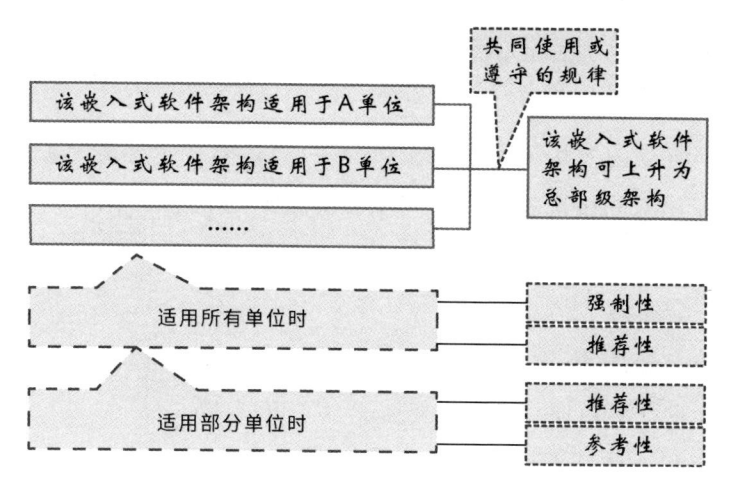

图 6-3 形成嵌入式软件架构

2. 求异法

求异法即从两种场合之间的差异中找出因果关系。

如果被研究现象在第一场合出现,在第二场合不出现,并且在两个场合中仅有一个情况不同;这一情况在第一场合出现而在第二场合不出现,那么这个唯一不同的情况就是被研究现象的原因(或结果)。

例如,某个仪表的信号跳动问题,在更换新传感器后信号正常,将原来的传感器换回去后又出现信号跳动问题,因此可以判定是传感器出问题了。

3. 求同存异共同法

将求同法和求异法两者结合起来,找出其间的因果关系。

如果在被研究现象出现的一组场合(正面场合)中,只有一个唯一的共同情况;在被研究现象不出现的另一组场合(反面场合)中,没有这个情况,那么这个情况就是被研究现象的原因(或结果)。

例如:在做物流分选 DWS 系统时,遇到一个周期性的干扰脉冲,正好在传动带接缝处产生。为了证实这一现象,分别在 0kg、20kg、50kg 三个加载点观察,在传动带接缝处均出现干扰尖峰(正面场合);在非接缝处,三个加载点均无此干扰(反面场合)。结论是皮带接缝处产生信号干扰。

4. 共变法

在被研究现象发生变化的各个场合中,如果只有一种情况是变化着的,这个唯一变化着的情况就是被研究现象的原因(或结果)。许多仪器就是根据共变关系制造的。

例1:温度计。

温度变化→水银的体积变化→管内水银柱高度变化。

例2:应变测力计。

力值变化→传感器产生形变→应变计阻值变化→输出电压(或电流)变化。

5. 剩余法

在一组复杂的现象中,把已知因果联系的现象除去,探求其他现象的原因。

某系统排除信号干扰的过程如图6-4所示。

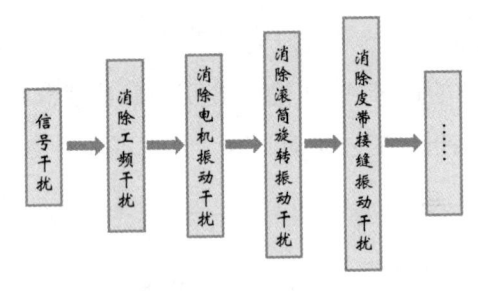

图6-4 某系统排除信号干扰的过程

6.1.3 演绎的概念与类型

1. 基本概念

演绎法是一种由一般原理推导出特殊或个别结论的方法,是人们以反映客观规律的理论认识为依据,从已知推断事物未知部分的思维方法。

① 以严格的逻辑规律为前提推导出结论的思维过程。

② 公理是演绎的逻辑出发点。

③ 演绎是一般原理向实践转化的重要逻辑形式。

2．演绎法的优缺点

优点：采用递推的方式，逻辑严密、结论可靠，而且能够了解事物的特殊性。

缺点：递推的范围小，不能完全展示事物的普遍规律。

3．演绎法的类型

① 公理演绎：特点是以公理（或公设）为大前提，依据公理（或公设）进行推理。

② 定律演绎：以某个定律或某种规律作为大前提的推理。作为演绎推理前提的规律包括两类：一类是经验规律，另一类是普遍规律。

③ 基于规则的推理：企业中最常用的方法之一，大前提是依据企业制度规则进行推理（见图6-5），推理过程与公理演绎、定律演绎类同。

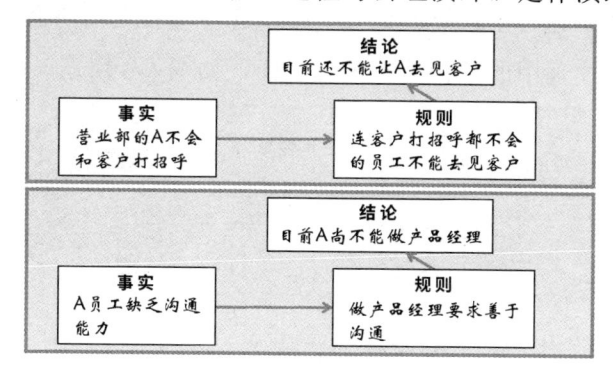

图6-5 基于规则的推理

④ 假说演绎：以假说为推理的大前提，它的一般形式可写为：如果p（假说），则有q（某事件）；因为q（或非q），所以p可能成立（或p不成立）。

⑤ 理论演绎：以某一理论为大前提，以在该理论范围内的确切事实为

小前提的演绎。一般形式如下。

大前提：有 M 理论在某一范围内是正确的，在此范围内规律 P 普遍适用。

小前提：假定事物 S 的行为受 M 理论的支配。

结论：S 的行为规律为 P。

4．推理方法

常见的推理方法有直接推理法、三段论推理法、联言推理法、假言推理法、选言推理法、负命题推理法、反三段论推理法、关系推理法、静态推理法、二难推理法等。下面重点介绍三段论推理法。

6.1.4 演绎法的三段论

1．标准三段论

标准三段论推理包括一个包含大项和中项的命题（大前提）、一个包含小项和中项的命题（小前提）以及一个包含小项和大项的命题（结论）三部分，是演绎推理中的一种简单推理判断，如图 6-6 所示。

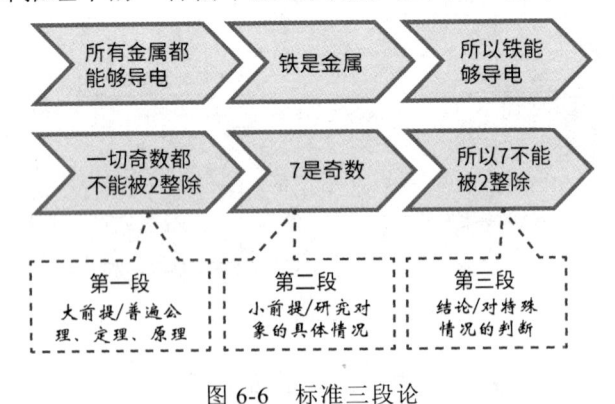

图 6-6 标准三段论

运用三段论，其前提一般应是真实的，符合客观实际的，否则就推不出正确的结论。

第6章 逻辑思维方法

2．省略式三段论

为了语言简洁，我们在说话、写文章用到三段论时大都采取了省略形式，有的省略大前提，有的省略小前提，有时省略不言而喻的结论。

例如，"我是党员，应在工作中起模范带头作用"这个推理，省略了大前提"党员应在工作中起模范带头作用"。也可以省略小前提，表述为"党员应在工作中起模范带头作用，我就应该在工作中起模范带头作用"。

又如，"逻辑学是训练员工思维能力的基础课，思维基础课一定要学好"，只有两个前提，而结论"逻辑学一定要学好"不言而喻，所以省略了。

大前提、小前提、结论，其中某项成为普遍的共识或公理时，可以省略，使表达更为简洁，如图 6-7 所示。

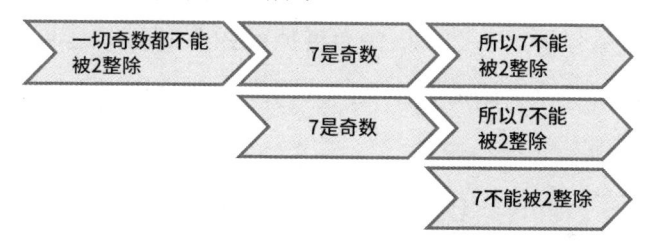

一切奇数都不能被2整除	7是奇数	所以7不能被2整除
7是奇数	所以7不能被2整除
	7不能被2整除

图 6-7　省略式三段论

3．三段论的有效性

从真前提出发，思维（实事求是的内涵）才能得到真的可靠的结论。

如果一个推理形式是从真前提推出假结论，那么这个推理形式就是无效的，但是人们有时不知道这是假结论，以为这就是"真理"。

用集合的观点来理解三段论推理的依据。

若集合 M 的所有元素都具有性质 P，S 是 M 的一个子集，那么 S 中所有元素也都具有性质 P，如图 6-8 所示。

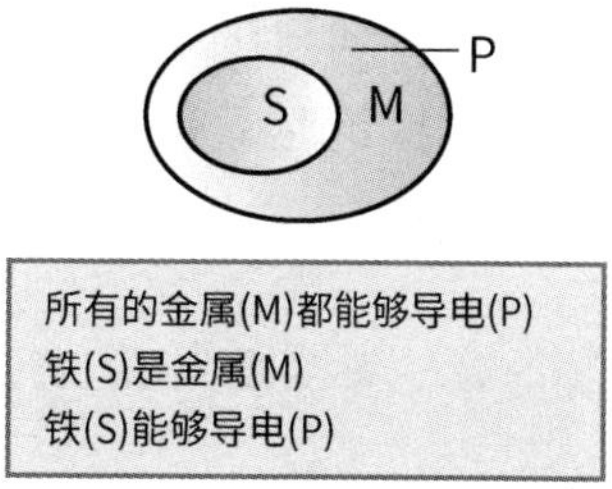

所有的金属(M)都能够导电(P)
铁(S)是金属(M)
铁(S)能够导电(P)

图 6-8　集合法有效性论证

【思考】以下是在实训中学员给出的 3 个三段论推理案例，请思考对吗？为什么？请用集合法论证。

例1：工频干扰频率是50Hz，某干扰是50Hz的干扰，所以它一定是工频干扰。

例2：听课学习效果差的原因之一是不认真做笔记，他不认真做笔记，他的听课学习效果就差。

例3：标杆企业用这种方法很成功，只要我们努力学习标杆企业的这种方法，我们就一定能成功。

6.2 分类与比较

分类是将具有相同属性的事物归入一类，具有不同属性的事物归入不同的类。分类是分析的基础，一定要遵循MECE原则，详见第5章。

比较就是比较两个或两类事物的共同点和差异点，类比法就是通过比较进行推理的。

比较与分类互为作用，分类前可以通过比较事物的异同点来确定类，分类后还可以进一步按类进行比较。

6.2.1 类比法的概念与特点

1. 类比法概念

类比法是由一类事物所具有的某种属性，推测与其类似的事物也应具有这种属性的推理方法。

其结论必须由实验来检验，类比对象间共有的属性越多，类比结论的可靠性越大。

2. 类比法特点

（1）类比推理是一种或然性推理，前提真，结论未必就真。

（2）类比推理的可靠程度与对象间相同点的多少呈正相关。

（3）类比推理的前提必须具有本质性，否则会出现推理错误。

（4）类比推理通常有一个归纳和演绎的过程，从已知的某个或某些对象具有某情况，经过归纳得出某类对象都具有此情况，再经过演绎得出另一个对象也具有此情况。

（5）类比法的作用是由此及彼。例如，从水流模型到电流模型，从蝙蝠的超声定位到雷达，等等。

3．类比法举例

要建立企业数字化运营管理系统，需要构建覆盖企业运营全业务活动的各业务域，梳理流程框架体系，打通所有数据流。

下面用全国的公路网来做类比分析。

（1）骨干网

用省比作业务域，则：

- 省道与省道之间的接口需要提前规划，否则省道与省道之间就都是断头路。
- 业务域间流程不通，在数字化转型中很难实现全业务数据链打通。

（2）分支网

用县比作流程组，则：

- 需要事先规划好县道与县道之间的接口。
- 再往下细分，条条村道、各个流程也应贯通。

若没有自顶向下的设计，就缺少了整个顶层的流程框架，各流程间无法联通，领导关心的数据流动与智能决策分析能力将无法实现。

6.2.2 类比法的分类

（1）按对象分类

根据类比中对象的不同，类比法可分为个别性类比、特殊性类比和普遍性类比等类型。

（2）按断定方式分类

根据类比中的断定方式不同，类比法可分为正（肯定式）类比、负（否定式）类比和正负（肯定否定式）类比等类型。

（3）按内容分类

根据类比中的内容不同，类比法可分为性质类比、关系类比、条件类比等类型。

（4）按思维方向分类

根据思维方向，类比法可分为单向类比、双向类比和多向类比等类型。

（5）按可靠程度分类

根据结论的可靠程度，类比法可分为科学类比和经验类比等类型。

此外，根据对象的多少，类比法还可分为完全类比和不完全类比等类型。

6.2.3　类比法的应用

由点推算面、由局部类推整体、由类似产品类推新产品、由国外市场类推国内市场等。

在市场营销中，常采用由点到面，或由部分到全部的类比推算法，用于预测潜在购买力和需求量、开拓国际市场、预测新产品长期的销售变化规律等。类比法适合于中长期的预测。

例1：销量推测。

可用于以某一地区的某产品销量与人口基数的比例，推算其他地区的销量。

例如，通过典型调研或抽样调研测算出某市彩电年销售率为40%（即年销售量与居民户数之比，也就是100户居民中每年有40户购买），就可以推算其他城市的销售率了。

例2：以国外同类产品市场发展趋势进行预测。

把所要预测的产品同国外同类产品的市场发展过程或变动趋向做比较，找出某些共同的或相类似的变化规律，用来推测目标产品的未来变化趋向。比如，通过分析国外的车载称重系统的发展与应用现状，来推测该系统未来在我国的发展趋势。

例 3：以国内外相近产品类推新产品。

这种对比类推往往用于新产品开发预测，以相近产品的发展变化情况，来类比预测某种新产品的发展方向和变化趋势。比如，某公司近年的智能传感器销售量呈快速增长趋势，我们也应该开发该类产品。

6.2.4 类比学习常见问题举例

1. 忽略差异事倍功半

目前，很多管理方法来自国外，也有部分方法来源于国内标杆企业。学习先进的管理方法当然没错，关键是怎么学，学什么。只学"形"不知"变"就会变成盲从。许多管理方法可以用类比法去分析，与标杆间类同点越多，学习的成功率越高；反之，差异点越多，学习的成功率越低。

例如，学习互联网企业，通过数据治理、云计算、大数据等各种技术手段来推动企业数字化建设，我们是否思考过互联网企业与制造业诉求的差异？制造业的数字化重点是数据应用吗？制造业高度关注的运营过程管理怎么解决？

所以，类比学习一定要关注差异。

2. 盲目照搬脱离现状

在学习和传播先进的管理方法时，常常知其"形"不解其"神"，而"形"如流水需随"场景"而变，不知"变"而一味地生搬硬套，就难见实效。要想做到随"场景"而变，就得解其"神"；要想解其"神"，就得充分分析管理方法成功应用的背景，分析自己与学习对象之间的异同点，汲取其精华并融入自己的体系。

例如，学习 APQP、FMEA、SPC、PPAP、MSA 等质量管理工具，其应用的基础是已建立起了一套比较完整的产品全生命周期质量管理体系，然后在此基础上进一步迭代改进。但在类比学习时，有没有思考过，我们的产品全生命周期运营价值链中，过程质量管理体系严密吗？需求管理工程建立了吗？若质量管理体系尚处于初级阶段，针对质量管理问题怎么改进？改进什么？

所以，类比学习要关注工具应用的基础，当基础条件不具备时，应优先夯实基础。

3．关注表层忽视本质

运用二八原则去解决问题，首先要知道"二"在哪里，我们看得见、摸得着、听得出的往往是"八"，而"二"总躲在"八"后面，很难发现，要求我们认识事物的层次从信息层深入到逻辑层面，而要进入逻辑层面，必须有理论加上长期的实战经验。在缺少实战经验的情况下去学习解决问题的方法，往往会停留在表层而难以深入去做"根本解"。

例如，我们学习某标杆企业的管理体系，学习的常是表面看得见的流程、制度、表单文件，而真正起决定性作用的组织、员工能力、激励机制、企业文化等却往往看不见。

所以，在类比学习时要学习本质才能真正见效。

6.3　分析与综合

6.3.1　基本概念

（1）分析

分析是分解和划分的统称。分解是指把特定的事物区分为各个构成部分、侧面、属性或因素，分别加以考察研究；划分是指把特定的事物细分为各个种类（符合MECE原则），分别加以考察。

问题分析是使问题得以澄清和查明，以解决问题为目标的一种分析方法。

理论分析是以指导寻求真理为目标的一种分析方法(发现与把握规律、形成公式、定理等)，科研中各种数字信号处理分析方法就是理论分析。

假设科学研究所要探求的目标是存在的并且也是真实的，经过分析，这种假设是可以被证实的。如果假设已被分析所证实，那么理论也就成立了。

（2）综合

综合是统一的过程，把对象的各个部分、侧面、属性或因素，按内在联系统一为一个有机整体加以研究。

（3）循环推动

在具体的工作应用中，分析与综合是互相渗透和转化的，在分析基础上综合，在综合指导下分析。分析与综合循环往复，推动认识的深化和发展。

6.3.2 分析方法举例

分析方法众多，如解析分析法（5W2H）、业务流程分析法、ABC 分类法、横向比较法、纵向比对法、鱼骨图法、脚本预测法、SCQA 分析（情景、冲突、问题、答案）、MECE（无重无漏）、SWOT 分析（优势、劣势、机遇、挑战）、PEST 分析（政治、经济、社会、技术）、3C 分析（顾客、公司本身、竞争对手）、波特五力分析（企业竞争对手、潜在新入者、替代品威胁、供应商、购买者）等。下面主要介绍鱼骨图法和脚本预测法。

1. 鱼骨图法

万事皆有因。鱼骨图法是一种分析方法，它会教我们找出产生问题的真正原因。

（1）鱼骨图

鱼骨图由日本管理大师石川馨先生首先提出，故又称石川图。鱼骨图法是一种发现问题根本原因的方法，因此鱼骨图也称因果图。

（2）鱼骨图与 Why-How 树状图的比较

① 使用鱼骨图的目的在于抽丝剥茧，找出影响问题的方方面面，以便

解决问题。鱼骨图是一种因果关系图。

② 树状图上一个大的树枝上还可以有小的树枝，如此类推，找出问题的所有关联项。逻辑树可以帮助你厘清自己的思路，而不进行重复和无关的思考，它一般用于拓展分析。

③ 单个鱼骨图与树状图没有本质上的区别，主要区别在于表现形式，两种表现形式可以互相转换。

2．脚本预测法

脚本预测法又称前景描述法、情景分析法，是在假定某种现象或某种趋势将持续到未来的前提下，对预测对象可能出现的情况或引起的后果作出预测的方法。通常用来对预测对象的未来发展作出种种设想或预计，以便提前做好工作预案。

例如，我们准备参与某个信息化项目的投标活动，需要提前识别各种可能出现的情况，并制定对策，如图 6-9 所示。

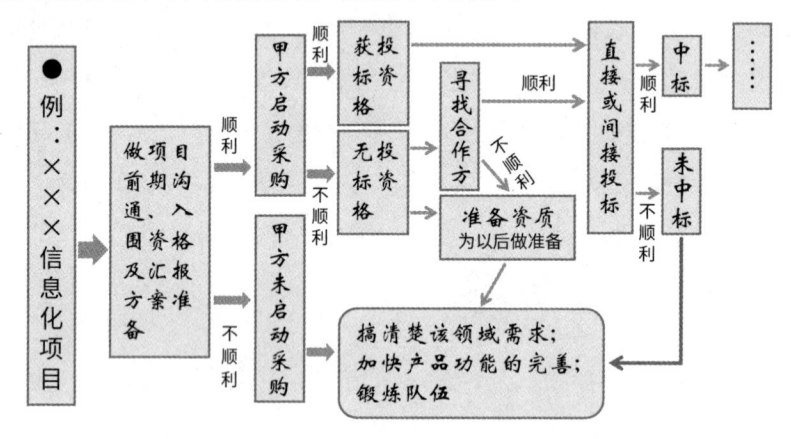

图 6-9 某信息化项目投标脚本预案

在脚本预案中，进一步识别风险点，制定风控预案，包括风险识别与分析（风险识别、风险评估、风险分析），风险应对与监控（风险管理计划、风险应对、风险监控）。关于如何识别风险和制定风控预案的学习训练，建议结合项目管理的学习训练一起开展。

6.3.3 综合法举例

综合法形式繁多，难有定式，需灵活运用。下面介绍三种常见方法。

1．综合分析——提取要点

在各种报告中，经常会看到大段的文字，要理解其本意，通常需要通读整段后提取要点或关键词进行表述。

例如：试从下面这段文字中提取要点。

类比推理是一种或然性推理，前提真，结论未必就真。要提高类比结论的可靠程度，就要尽可能地确认对象间的相同点。相同点越多，结论的可靠性就越大；因为对象间的相同点越多，二者的关联度就越大，结论就可能越可靠。反之，结论的可靠性就会越小。此外，要注意的是类比前提中所根据的相同情况与推出的情况要带有本质性。如果把某个对象的特有情况或偶有情况硬推到另一对象上，就会出现类比不当或机械类比的错误。

经综合分析，提取要点如下：

（1）类比推理是一种或然性推理，前提真，结论未必就真。

（2）类比推理的可靠性与对象间相同点的多少呈正相关。

（3）类比推理的前提必须具有本质性，否则会出现推理错误。

2．综合分析——得出结论

在思考与定位问题、选择解决方案、总结工作等过程中，都会先进行综合分析，再得出结论。

例如：安排员工 A 做一个传感器动态试验，做所需能力的多因素综合分析，如图 6-10 所示。

3．综合评价与决策

利用多项指标对某个评价对象的某种属性进行定性或定量评估，或者对多个评价对象的属性进行定性或定量评估，可用于问题处理的优先级排序，方案的比对、择优，目的是支持各种决策活动。

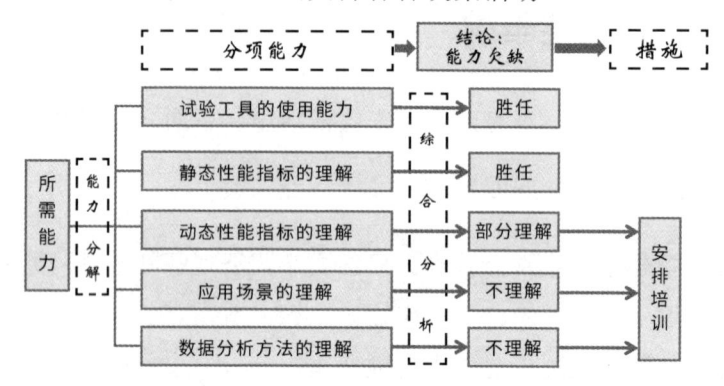

图 6-10　传感器动态试验所需能力

对某事件进行多因素综合评价的过程，实质上就是科学研究与决策的过程，原则上应包括设计、收集资料和分析资料几个基本阶段，实施中应着重注意图 6-11 所示几个基本环节。

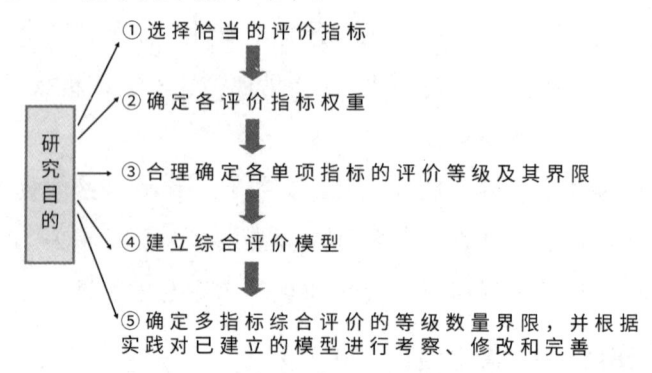

图 6-11　综合评价与决策过程

6.4　抽象与概括

1. 基本概念

抽象就是我们对某类事物共性的描述。

概括是从单独对象的属性推广到这一类事物的全体的思维方法，即从某些具有一些相同属性的事物中抽取出本质属性,并推广到具有这些属性的一切事物,从而形成关于这类事物的普遍概念。

抽象与概括和分析与综合一样,也是相互联系不可分割的。

2．抽象与归纳

(1) 抽象

抽象是从一系列事物中找出它们的共同的、本质的属性,形成一个新的概念。

例如,从苹果、桃子、梨等抽象出水果的概念。从苹果是甜的、桃子是甜的、梨是甜的,抽象出水果是甜的这一判断。

(2) 归纳

归纳是把一系列相关的事实汇总起来,找出其中的规律,并进行推广,形成具有一般性的原理。

3．概括与归纳

(1) 概括意为归纳、总括

概括是把事物的共同特点归结在一起加以简要叙述,使文章更简明,让人们在很短的时间内就知道文章的主要内容。概括的原则:要点不能丢,语言要简练。

例如,近期要建设汉中应变计智能车间、西安智能测控园区、石家庄智能交通产业园区,概括起来就是"十四五"时期要大力推进智能制造。

(2) 概括是归纳结果的升华

概括可以看作对归纳结果的升华,归纳是概括的前提,二者辩证统一,互相依存。准确的概括能够促使更有效的归纳,合理的归纳才能作出真实的概括。

4．概括与总结

概括是提炼关键信息,简要地表达,使人有一个总体的印象。

总结是将零碎的内容通过自身的消化和理解后整合到一起，使之条理化、系统化，便于记忆。

6.5 思维方法间的关系

1. 归纳与演绎的关系

（1）主要区别

① 思维的起点不同。归纳推理是从特殊到一般的认识过程；演绎推理是从一般到特殊的认识过程。

② 前提与结论联系性质不同。归纳推理的结论一般超出了前提所断定的范围（完全归纳推理除外），其前提和结论之间的联系不是必然的，具有或然性；演绎推理只要前提真实并且推理形式正确，其结论和前提之间的联系就是必然的、真实的。

（2）相互联系

① 归纳是演绎的基础。演绎推理的一般性知识（大前提）的来源，来自归纳推理的概括和总结，从这个意义上说，没有归纳推理也就没有演绎推理。如图 6-12 所示，从看见过的乌鸦都是黑的，先归纳出天下乌鸦一般黑，再进行演绎推理：只要是乌鸦，就一定是黑的。

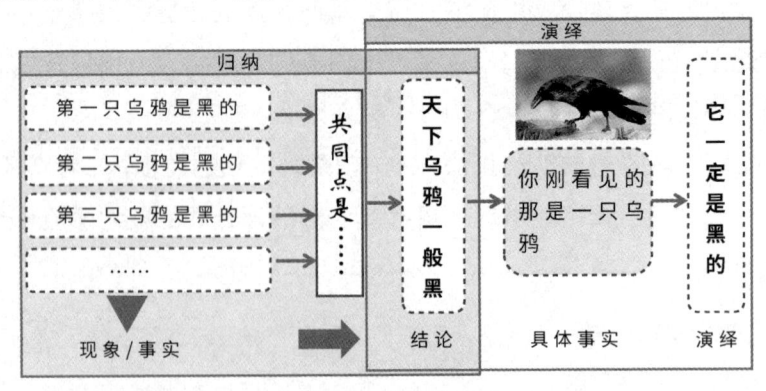

图 6-12　归纳与演绎的联系

② 归纳需要以演绎为指导。归纳推理离不开演绎推理。归纳过程所利用的工具（概念、范畴）通常由人们之前获得的知识经过分析、演绎而来。

③ 归纳与演绎互相渗透，互相关联。归纳推理与演绎推理在人们的认识过程中是紧密联系的，两者互相依赖、互为补充。

2．类比、演绎、归纳的关系

类比、演绎、归纳三者的关系如图 6-13 所示。

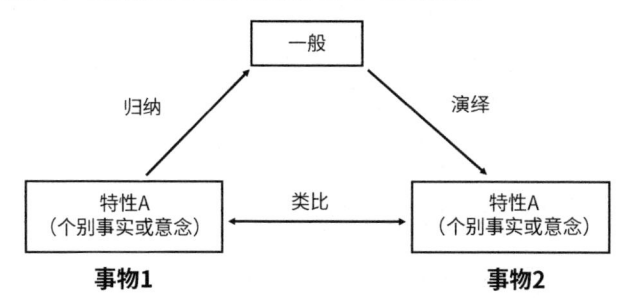

图 6-13 类比、演绎、归纳三者的关系

（1）类比是由事物 1 所具有的特性 A，推测出与其相类似的事物 2 也应具有特性 A。例如，依据目前美国的人均汽车保有量，推测在人均收入赶上美国时我国的人均汽车保有量，再计算总量，并制定出道路、停车位、交通管理等方面的布局规划。

（2）归纳是从多个同类事物的个性中，推出一般性（共性）的结论，演绎是用这个结论去推理至类同的事物。例如，对美国、德国、英国、法国、日本等发达国家进行分析，先得出发达国家的人均汽车保有量，再去演绎推理出我国未来的趋势。

（3）当直接用类比时，注意事物 1、2 之间的差异，以及类比属性的本质识别；当使用归纳和演绎时，注意归纳结论的可靠性。

3．分析与综合的关系

整个认识过程是分析与综合的统一。

（1）分析与综合互为前提

① 分析是综合的前提或基础，没有分析就没有综合。

② 分析需要综合作指导。

（2）分析与综合互相补充

① 没有分析，也就没有任何形式的综合。

② 如果思维只限于分析，那么只能提供细节和抽象的本质，无法解释现象和本质之间的联系，不可能在思维中再现具体的整体。

（3）分析与综合互相转化

人的认识就是在这种从分析到综合到再分析再综合的过程中不断前进的。

4．保持思维的独立性与完整性

（1）必须以事实为依据。

（2）用 MECE 原则检查重复或遗漏。

（3）避免刻意寻找事实去支撑你的观点，以免被误导。

（4）偏见是影响逻辑的病毒。

（5）消除消极思维定式。

第7章 逻辑思维种类

逻辑思维的分类方法很多，种类也很多，图 7-1 列出了几种常用逻辑思维：惯性思维、点状思维、线性思维、结构化思维、批判性思维、水平思维、创新思维、系统思维。本章将根据职场中的工作需要，以逻辑思维能力层次提升［点→线→面（二维）→体（多维）→系统思维］为线索，重点介绍结构化思维、批判性思维、创新思维、系统思维等内容。

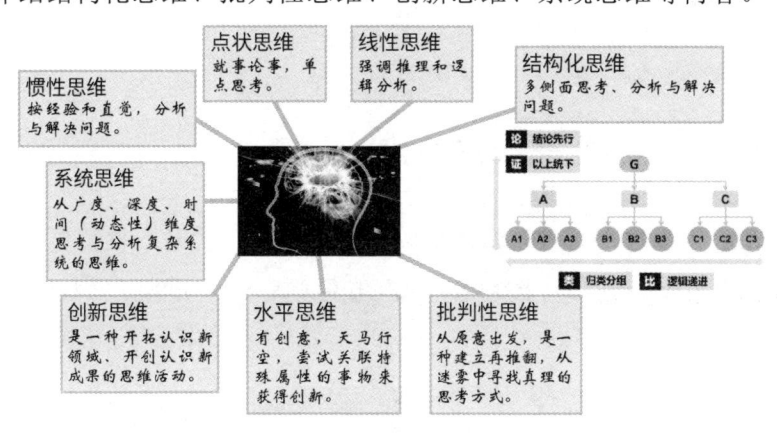

图 7-1　几种常用逻辑思维

7.1　结构化思维与总结表达

7.1.1　结构化思维的概念

结构化思维（Structured Thinking），强调在面对工作难题时，从多个侧面思考，深刻分析问题原因，系统制定行动方案，以得到最佳效果的思维方式。结构化思维分为结构化思考与结构化表达（见图 7-2），它以假设为先导，强调快速、系统地解决问题。

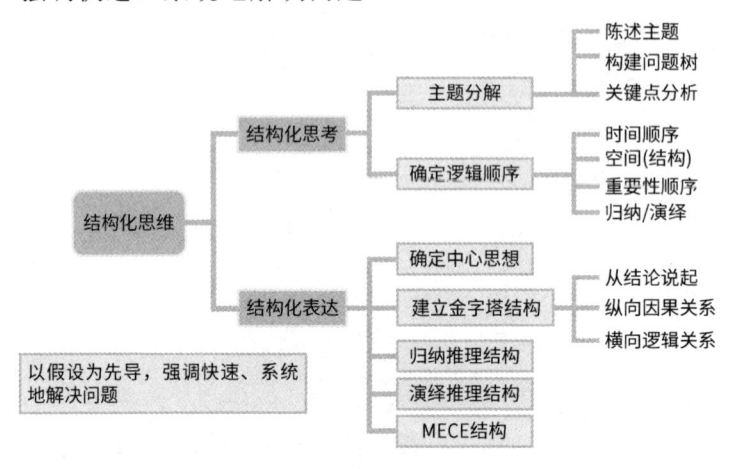

图 7-2　结构化思维

7.1.2　结构化思维的特点

在表达问题时，要求先构建框架再逐步细化，构建的框架要逻辑清晰并符合四大思维原则（以始为终、MECE 原则、分析分解、二八原则），如图 7-3 所示。

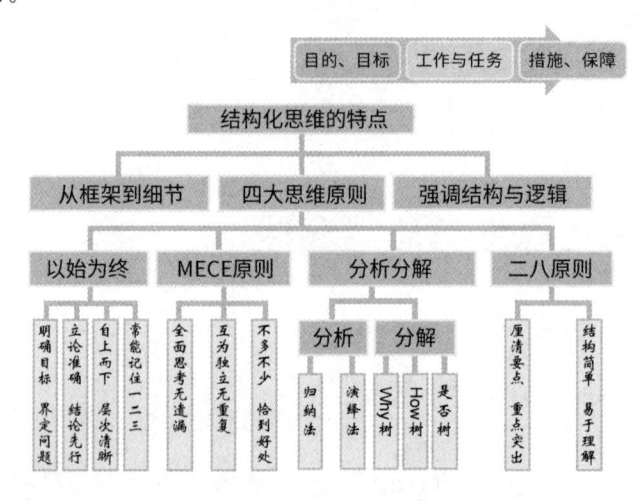

图 7-3　结构化思维的特点

7.1.3 结构化表达的原则

1．表达的总则

文章一般分为"总-分"（见图7-4）、"分-总"和"总-分-总"三种结构方式。所谓"总"就是文章的总起或总结，是文章的中心思想；"分"指的是分层叙述。

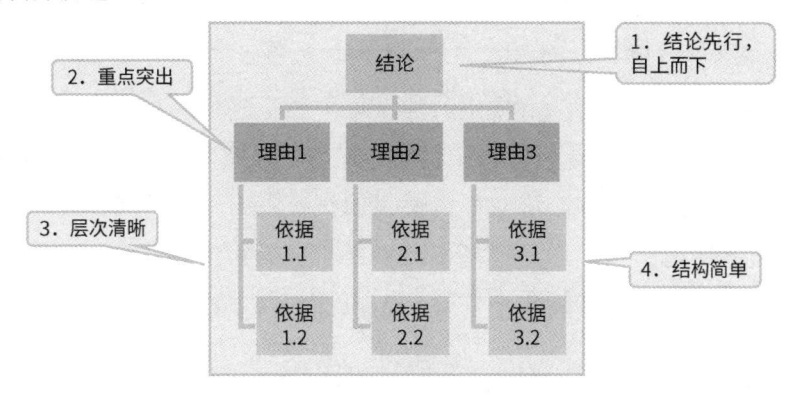

图7-4 结构化表达的原则

"总-分-总"是在写作过程中解析文章的一种结构，开头提出论点（总），中间给出若干分论点（分），结尾总括论点（总），几个分论点之间既可以是并列关系，也可以是递进关系。这是写作中常用的叙事结构。

"总-分-总"的结构是先抛出文章的中心思想，在一开始就将文章要点交代清楚，使读者能在最短时间内了解文章最重要的信息，有效地稳住读者的阅读情绪；再分层叙述，逐层深入；最后对文章加以总结，与开篇内容遥相呼应，使文章脉络互相贯通，每一部分既各有特点又紧密联系。

2．表达的分则

（1）结论先行，自上而下。先叙述背景与抛出问题以构成"论点"，然后给出与"论点"相呼应的"结论"，再自上而下阐述理由（或内容、方案等）。

（2）重点突出。在阐述理由时，分类要符合MECE原则，但需要从中选择重点理由加以阐述，做到理由充分，让人信服即可，无须面面俱到。

（3）层次清晰。理由可以层层向下分解，但层与层之间的分解关系，同层级之间的逻辑关系，都要清晰明了。

（4）结构简单。面对复杂问题，需要高度总结提炼，使表达简单化。

7.1.4　结构化分析工具

我们学习过许多结构化分析工具，如市场分析用的 SWOT、3C、PEST、QCD 等，发现与解决问题用的 Why 树、How 树、是否树、5W2H、5Why、SMART、决策矩阵、PDCA 等；其他分析工具还有项目管理中广泛使用的 WBS 工作分解结构，以及思维导图、鱼骨图、实体关系图、数据流图、时序图等。工具数不胜数，这些都需要我们在实际工作中去选择使用。

总之，所谓结构化，是指将逐渐积累起来的知识加以归纳和整理，使之条理化、纲领化，做到纲举目张。知识是逐渐积累的，但在头脑中不应该是堆积的。

心理学研究发现，优等生和差生的知识组织存在明显差异。优等生头脑中的知识是有组织、成系统的，知识点按层次排列，而且知识点之间有内在联系，具有结构层次性；而差生头脑中的知识呈水平排列，是零散和孤立的。

结构化思维对知识学习具有重要作用，因为当知识以一种层次网络结构的方式存储时，可以大大提高知识应用时的检索效率。

结构化思维对企业数字化运营体系构建中的运营逻辑、流程框架、企业架构、IT 设计、运营维护等阶段的需求梳理与表达，至关重要。

7.2　批判性思维与报告评审

批判性思维是做研发报告评审的基础，我们要从不同侧面去观察和分析报告，从中找出问题，提出改进意见。

7.2.1 现象思考

【思考1】这是批判性思维吗?

凡讨论问题,习惯从怀疑与否定他人开始。

生活中也许我们会遇到这样的人,但凡有人抛出一个话题,他总会给出反面的意见:

"我不赞同你的说法,我认为根本不是这样的。"

【思考2】批判性思维是什么?

凡事先推翻立论,从反面去证明别人是错的。

怀疑论者的思维方式,认为谁都是错的,谁说的都不在理。

【思考3】你有没有批判性思维?

八大消极思维定式,导致了思维障碍。

某某权威说的,就一定是对的吗?

书上写的,就一定正确吗?

大部分人都觉得是对的,就是对的吗?

7.2.2 批判性思维的概念与应用

1. 基本概念

"批判性思维"的英文是"critical thinking",直译为严谨的思考方式,而中文的"批判"则含有批评、判断的意思。

但批判性思维远不止批判,从原意出发,它更是一种建立再推翻,从迷雾中寻找真理的思考方式,是在公正公平的基础上,对事件进行客观剖析的能力。

2. 应用

批判性思维可以用于日常工作、科研、报告评审中,同样可以运用到各个学科的学习中。第5章中讲到的"反向思考,检视漏洞"就是批判性思维的运用。

在现实生活中,只有少数人具有真正的批判性思维能力,他们有着一双"火眼金睛",能够帮助人们发现各种漏洞。

7.2.3 批判性思维能力的培养

培养批判性思维能力,可以使我们能够更加深入地思考事物的本质,通过观察事物的表现方式,跳出自己固有的思维模式,去重新思考和提问。

这也是创造性思维的开端。当我们敢于质疑现状、敢于提出不同观点时,便可能产生全新的观点或想法,即合理质疑、挖掘需求、持续改善、提出新观点。

1. 思想上,训练思维的公正性

当我们以一个"无知者"的身份去公平对待自己和他人的思想时,在批判他人的同时也反思自己,便已经达到了批判性思维的初级阶段。

- 遇事要学会换位思考。
- 认识自己、自我批评、改变自己。

2. 观察中,保持对事物的客观性

批判性思维最重要的技能之一,是区分出哪个是一项陈述或情景的真实意义,哪个是人们由此作出的虚假推断。

我们通常会通过三种独特的途径去获取信息:

(1)没有完全理解的事实或者已经成为真理的知识。

(2)局部知识或被非理性信念、情绪所影响的信息,通常导致所谓的情绪驱动观点。

(3)活性知识,也就是理解了观点和事实之间的差距,并通过自身思考而获得的启发性知识。

3．提问中，培养质疑的能力

有的时候，我们一直在提问，却始终没有问对问题。

有的时候，我们甚至不知道该问什么问题。

究竟应该对什么事情发问？该问什么问题？如何才能从问题中获得启发？这样的问题时常困扰着我们。

而批判性思维所提倡的提问方式，主要涵盖了三个方面：

（1）有提出环环相扣问题的意识。

（2）有恰当提出和回答关键问题的能力。

（3）有积极主动探寻关键问题、寻找根本解的愿望。

例如：以 5W2H+Yes/No 作为提问的切入口，通过"问题→结论"这种语言结构的训练，将帮助你提升质疑能力。

4．表达上，提高思辨的才能

（1）需要识别各种辩论诡计

例如：演绎推理中，如三段式，因为 A，所以 B，于是 B 就必然等于 A。可这"等于"中，似乎"等"掉了许多重要的事实，好事者可能会从中获益。在归纳中，常通过以偏概全、混淆视听扰乱人们的心绪。

（2）需要识别各种逻辑错误

这类逻辑错误包括偷换概念（违反同一律）、自相矛盾（违反矛盾律）、模棱两可（违反排中律）等。

倘若无法辨别出他人的诡辩，我们就会生生地落入别人的圈套，被人"卖了"还觉得别人言之有理。

5．综合训练，形成自己独到的思维方式

什么是前提假设和结论？

什么是逻辑上严密、可靠的观点？

该观点成立的前提下，可衍生出何种逻辑推论？

7.2.4　批判性思维的常见问题

1．盲目批判

（1）视野窄

"只见树木不见森林""盲人摸象""井底之蛙"等常用来形容人们受各种局限，看不清事物的全貌。若有人告诉他大象的整体形貌，他就会说，"不对，大象那么大，不可能有人能看清全貌，一定是在吹牛"，或者干脆说，"不对，大象长的就是像个柱子"。

（2）认识事物层次浅

有些人只能看见信息层面，看不到逻辑层面，更理解不了假设层面，也就看不清事物运行背后的模式与结构，看不清本质。

（3）自我认知差

有些人严重高估自己的能力，本来是一些普通的常识，却以为别人不懂只有自己懂；自我定位不准便导致"怀疑论"，怀疑超出自己认知的事物。

2．不敢批判

考虑到权威人士的观点、书本知识，以及公众的普遍认知，有些人即使发现了问题，也不敢去批判性地提出问题与解决问题。

7.2.5　在研发报告评审中的应用

研发过程评审及其组织管理的能力弱，是企业目前普遍存在的问题，它使研发过程得不到有效控制，产品问题频出。下面以结构化思维与批判性思维在研发报告评审中的应用为例做简要介绍。

1．评审管理

研发过程评审分为决策评审与技术评审两大类。决策评审包括规划决策、计划决策、立项决策、发布决策、退市决策等；技术评审包括需求评审、方案评审、设计评审、测试/试验/验证报告评审、项目验收评审、通用技术评审等。

在研发管理体系文件中会制定相应的评审流程、分级管理办法，以及相关考核与奖惩办法。

2．评审步骤

研发报告评审过程如图7-5所示。

第1步：理解要求与确定目标（构思结构化目标模型）
第2步：分析与目标之间的差距及原因（用5W2H+Yes/No）
第3步：提出改进的建议（基于结构、逻辑、业务等）
第4步：对建议再次讨论确认后形成评审意见
第5步：修改报告后再次提交评审

图7-5 研发报告评审过程

第1步：理解要求与确定目标（构思结构化目标模型）。

在研发报告评审中，为什么一些课题外的专家，在不熟悉业务内容的情况下，能给出许多很好的建议呢？核心就在于报告表述的逻辑结构与要素。不同企业、不同产品，其内容不一样，但同类报告的逻辑结构类同，专家依据以往的经验，在大脑里已形成不同类别报告的逻辑结构框架，只是没有显性化表达出来而已。

第2步：分析与目标之间的差距及原因（用5W2H+Yes/No）。

专家依据自己的认知与结构框架，形成报告的预期目标；在听取研发报告后，发现研发报告与自己心理预期目标之间的差距；针对差距作出判断，并及时调整预期目标。

第3步：提出改进的建议（基于结构、逻辑、业务等）。

专家对研发报告的问题提出修改建议。这种修改建议会从研发报告的编辑性、逻辑结构与关系、管理/控制要素、技术与方法等不同视角提出。

第4步：对建议再次讨论确认后，形成评审意见。

评审团队通常由多人组成，不同专家会提出不同或相同的问题，对同一问题可能会有不同意见，甚至相反意见。评审组长需要组织专家再次讨论，形成一致的评审意见。

第 5 步：修改报告后再次提交评审。

课题组按照专家评审意见修改报告后，再次提交评审。

以上评审步骤可能需要多轮才能达成目标。

3. 主要评审内容

（1）编辑性审查

公文、国家标准、企业内部的技术报告等，各有各的编写规范，但在评审时应区分原则性与非原则性的问题。具体而言，主要体现在以下两方面。

① 对于外送的报告资料，编写规范需要严格执行。

② 只在内部交流使用时，重点关注条款编号、表号、图号、错别字等易引起误解的地方，以及明显影响整洁美观的编排格式，其他不符合情形可做告知项处理。

（2）逻辑结构与关系

① 根据报告主题，凭借自己的经验，结合金字塔及其变种、SCQA、TED、SCORE、OREO 等结构模型，先构思逻辑结构，然后再审视、比对被评审的报告。

② 当发现与自己的构想有差异时，一定要仔细分析它的逻辑关系。

- 如果报告的逻辑关系正确，只是因为作者表达的视角和运用的模型与自己的构想不一致，则需要及时调整自己的思路。
- 如果报告的逻辑关系是错的，则需要充分思考，明确理由，指出错误，并给出改进意见。

（3）管理/控制要素

① 涉及项目管理要素各知识域，要检查是否有遗漏；同时也要考虑是否需要这些要素，并不是所有要素都需要体现在报告中。

② 在研发需求要素中，质量要素是评审的核心内容之一。先分类构建产品需求模型→模板→要素表，然后形成评审要素表，如图 7-6 所示。此

项任务工作量巨大，是个逐渐积累完善的过程，需要按照"需求工程"要求去构建，逐渐积累形成"质量库""缺陷库"，然后不断完善质量模型与模板，形成持续迭代改进的闭环。

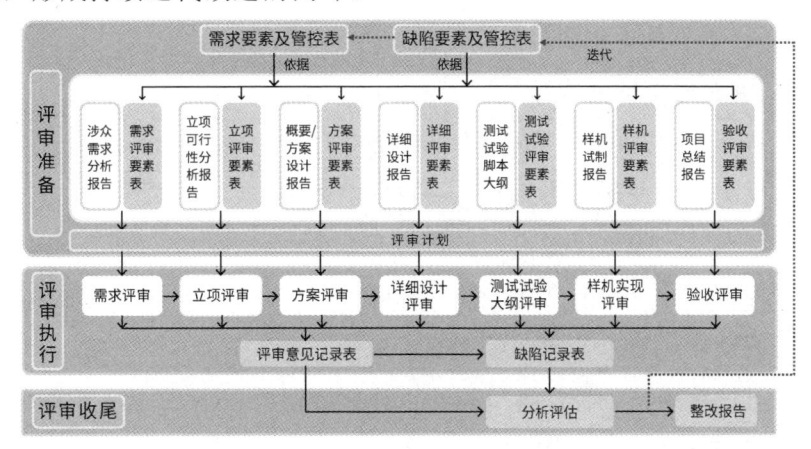

图 7-6 评审要素及其传递关系

（4）技术与方法

① 运用的技术要稳定、可靠。

② 采用的方法和路径要尽可能按照结构树分类列出，并经过比对、评估、决策，择优选用。

③ 新选择的工具、组件等要经过充分验证和试用，确认其性能能够满足工作要求。

④ 重视 CBB 的构建与应用。

7.3 创新思维与发展驱动

7.3.1 基本概念

（1）创新意识

创新意识是指有不断探索创新的兴趣和欲望，勤于思考，善于发现并提出问题，求新、求异。

（2）创新思维

创新思维是指打破固有的思维方式，从新的角度，以新的方式去思考，得出不一样的且具有创造性结论的思维方式。

（3）创新思维的基本特征

① 新奇性：首创性，成果不是模仿获得的，而是与众不同的。

② 灵活性：变换思维角度，不被常识束缚。

③ 联想性：想象比知识更重要。

④ 反常规性：违反常情，超越普遍认知。

⑤ 顿悟性：冥思苦想之后茅塞顿开。

⑥ 可迁移性：一种情境可转移至其他情境。

（4）创新思维的基本类型

① 差异性创新思维。

② 探索式创新思维。

③ 优化式创新思维。

④ 否定型创新思维。

7.3.2 创新思维基础

1. 思维能力之间的关系

（1）思维组合与结构化思维

线性思维（如归纳、演绎等）是一种收敛性思维，由前提推理出结论；若将结论分解，从分解出的各要素中再去探索，则是发散性思维；若把事情做反向思考，则是逆向思维。

概念性思维，主要是指运用第 6 章中的思维方法来处理被考察事物，提炼要点，并关注它们之间的逻辑关系。

首先运用线性思维，通过思考与梳理形成解决问题的步骤；然后运用概念性思维，通过思考与梳理形成表达的内容；最后用结构化思维加以表达，如图 7-7 所示。

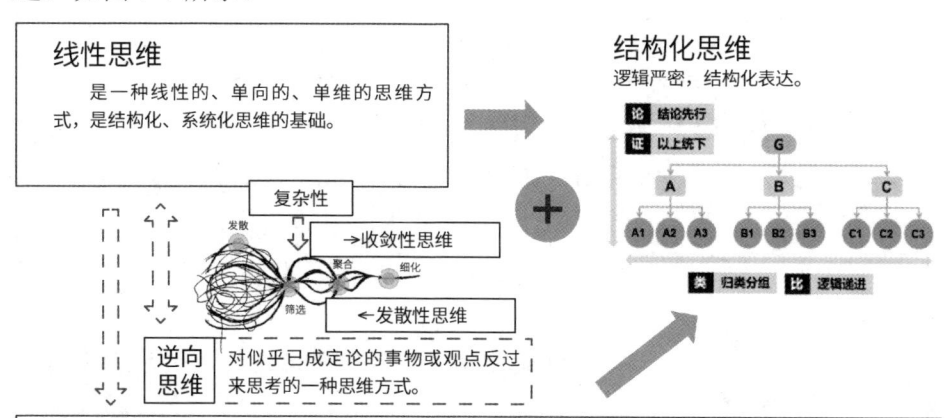

图 7-7 思维组合与结构化思维

（2）思维组合与创新思维

创新思维是指打破固有的思维方式，从新的角度，以新的方式去思考，得出不一样的且具有创造性结论的思维方式。水平思维是一种通过非常规的、表面看似不合逻辑的方法和原理，打乱原来的思维顺序去解决问题的思维方式。

思维组合与创新思维如图 7-8 所示。

2．联想性思维

根据当前感知到的事物、概念或现象，联想到与之相关的事物、概念或现象的思维活动。

（1）相似联想

抓住事物的相似性进行联想，如由蝙蝠滑翔联想发明了翼装飞行等仿生学科。

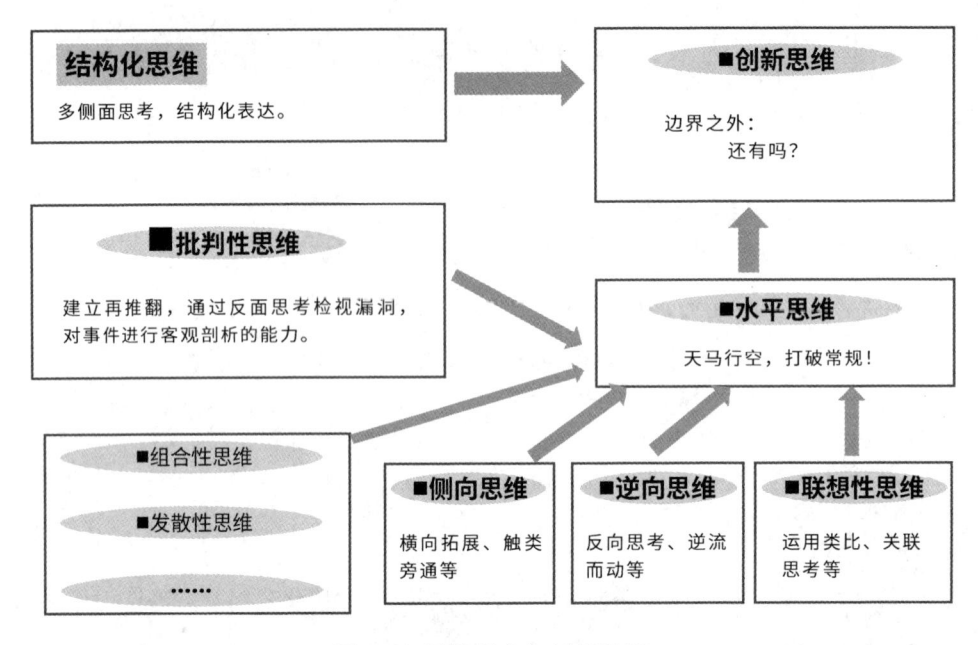

```
┌─────────────────────┐                    ┌─────────────────────┐
│ 结构化思维          │───────────────────▶│ ■创新思维           │
│ 多侧面思考,结构化表达。│                  │ 边界之外:            │
│                     │                    │   还有吗?           │
└─────────────────────┘                    └─────────────────────┘
                                                      ▲
┌─────────────────────┐                               │
│ ■批判性思维          │                              │
│ 建立再推翻,通过反面  │────┐               ┌─────────────────────┐
│ 思考检视漏洞,对事件  │    └──────────────▶│ ■水平思维           │
│ 进行客观剖析的能力。 │                    │ 天马行空,打破常规!  │
└─────────────────────┘                    └─────────────────────┘
                                              ▲     ▲      ▲
 ┌─────────────┐                              │     │      │
 │ ■组合性思维 │                              │     │      │
 └─────────────┘                              │     │      │
 ┌─────────────┐      ┌──────────┐  ┌──────────┐  ┌──────────────┐
 │ ■发散性思维 │      │■侧向思维 │  │■逆向思维 │  │■联想性思维   │
 └─────────────┘      │横向拓展、│  │反向思考、│  │运用类比、关联│
 ┌─────────────┐      │触类旁通等│  │逆流而动等│  │思考等        │
 │ ……         │      └──────────┘  └──────────┘  └──────────────┘
 └─────────────┘
```

图 7-8 思维组合与创新思维

（2）相关联想

由一件事物联想到与之相关的任何事物,如产品质量问题的举一反三。

（3）相反联想

由一件事物联想到它的反面,如对自己给出的观点做正反两方面思考,自我辩论,以加强观点的可靠性。

3．逆向思维

人们往往习惯于沿着事物发展的正方向去思考问题并寻求解决方法。其实,对于某些问题,尤其是一些特殊问题,从结论往回推或许会使问题简单化。

例 1：说话声音高低能引起金属片的振动,相反金属片的振动也可以引起声音高低的变化。爱迪生在对电话的改进中,发明制造了世界上第一台留声机。

例 2：我们通过销售产品赚钱,逆向思考：用户为什么花钱购买我们的产品？愿意怎样花钱？

逆向思维的基本类型：

（1）就事物依存的条件逆向思考。

（2）就事物发展的过程逆向思考。

（3）就事物的位置逆向思考。

（4）就事物的因果关系逆向思考。

4．侧向思维

侧向思维是从"点"向侧面发散，是从正常思维旁侧开拓出新思路，利用其他领域里的知识和资讯，从侧向扩展或迂回地解决问题的一种思维形式，又称横向思维、旁通思维。

5．其他思维

（1）组合性思维

从某一事物出发，以此为发散点，尽可能多地与另一（或一些）事物联结成具有新价值（或附加价值）的新事物的思维方式，常用的有同类组合法、异类组合法、主体附加法、重新组合法等。

（2）发散性思维

发散性思维又称辐射性思维、放射性思维、扩散性思维或求异性思维，是指大脑在思维时呈现的一种扩散状态的思维方式，表现为思维范围广阔，思维呈现出多维发散状，如一题多解、一物多用等。

发散性思维大致可以分为一般方法（材料发散法、功能发散法、结构发散法、形态发散法、组合发散法、方法发散法、因果发散法、用途发散法、视角发散法、观点发散法等）、假设推测法、集体发散思维法等。

7.3.3　企业创新驱动

创新驱动的企业，它们依赖自身的创造力推动社会发展，通过创新来创造财富和就业机会。这种创新可以体现在产品、服务、营销策略等多个方面，能够使企业在激烈的市场竞争中脱颖而出。

1. 企业面临的挑战

当前，企业面临诸多挑战（如宏观经济制度与体系变革的挑战、企业管理制度与手段变革的挑战、市场需求与竞争变化带来的挑战、生产方式进步的挑战、劳动力市场化带来的挑战等），不进则退，需要有创新意识、创新思维方法、推动执行能力。

观念创新是先导，体制创新是基础，管理创新是保障，技术创新是关键。

2. 创新内容

目前，市场形势严峻，激烈的市场竞争，要求企业在运营管理、市场与业务、技术与产品、产品制造工艺等方面持续创新。

例如，在传统业务的基础上，立体挖掘与创新（纵深/横向/未来）相关领域新的市场与业务机会，拓展企业发展空间，制定营销规划，如图7-9所示。

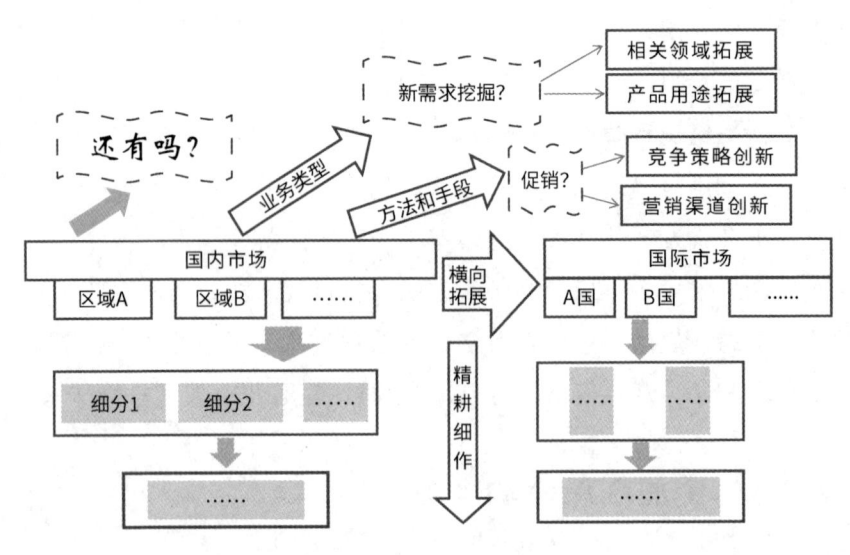

图7-9 挖掘市场机会

7.4 系统思维与企业管理

系统思维就是人们运用系统观点，把对象的互相联系的各个方面及其结构和功能进行系统认识的一种思维方法。

整体性原则是系统思维的核心。这一原则要求人们无论干什么事都要立足整体，从整体与部分、整体与环境的相互作用过程来认识和把握事物。

7.4.1 系统

1．系统的概念

系统是指在一定的环境中，为达到某一目的而相互联系、相互作用的若干个要素所组成的有机整体。系统将特定的输入信息进行加工处理，然后输出结果，输出的结果与输入形成反馈则构成闭环系统，不形成反馈则构成开环系统；任何系统都有边界（即有约束范围），并与外部环境相互作用，如图 7-10 所示。

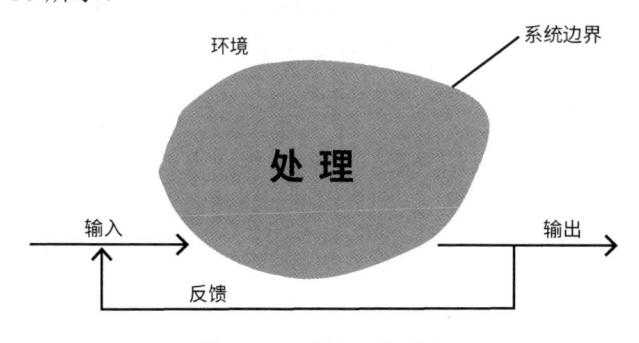

图 7-10 系统及其要素

2．系统的特性

（1）目的性：确定一个或多个目标。

（2）集合性：至少由两个或两个以上可以相互区别的要素组成。

（3）独立性：每个系统都有自己的边界，并且保持相对独立。

（4）相关性：系统内部既分工又合作，因果互动。

（5）整体性：研究系统结构与功能之间的关系，提高系统整体性能，即"1+1>2"，并使其最大化。

（6）开放性：与环境相互作用，相互依存，即系统内部相互作用，系统外部与其他系统或更大系统连接。

（7）层次性：大系统可以包含小系统，形成上下层次关系，同时还需考虑同层级的左右关系。

（8）动态性：需要适应信息流、物质流、能量流、资金流等的动态变化，如自然环境的变化，发展过程中政策、标准、需求等的变化。

（9）自适应性：有些系统还具有自适应性，如生命系统。

3．系统分类

系统分类方法很多，以拉塞尔·阿克夫（Russell Ackoff）的分类法为例说明如下。

（1）机械系统

以可以预测的方式进行，有一定的规律，遵循自然与物理规律，如机械/电子/软件系统，出现问题可以单点修补。

（2）有机系统

各个部分承担着特定的功能，协同运作，支持整个有机体的目的或目标，如人、其他动物、植物等，一个点出现问题会影响整个系统。

（3）社会系统

社会系统包括组织、社区、国家、社会等。

社会系统问题的解决将更加微妙而复杂多变，如多因素、多因果、动态变化等。

4．系统思维缺乏症

（1）机械地应对，专注于事件层面的响应，而并未触及问题产生的根源。

（2）很多问题的成因似乎很复杂，各种因素相互影响，难以理出头绪。

（3）很多对策并未抓住问题的本质，治标不治本，没有从根本上解决问题。

5．系统思维的重要性

（1）系统思维是应对复杂性挑战、作出睿智决策的核心技能。

（2）只有看清系统的结构，认识到系统自身恰恰是问题的根源，才能真正解决问题。

7.4.2 系统思考

只有在多个维度上实现思维的转变，才能实现整体的转变。多维思考转变如图 7-11 所示。

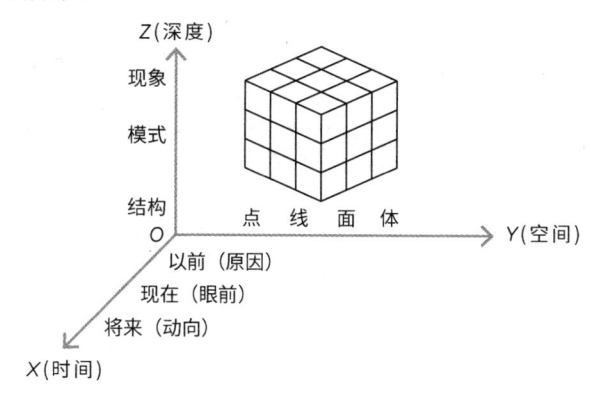

图 7-11 多维思考转变

1．动态思考

（1）线性因果链

因与果之间是线性作用的，即由"因"产生了"果"，有因必有果；只有找到了病因，对症下药才能药到病除。

例如：对于组织内沟通不畅这一问题，一些人认为是由于缺乏沟通技巧，于是就给大家进行沟通技巧方面的培训，试图通过这种方法来解决问题。

A 导致 B，B 导致 C，C 导致 D，这就是线性因果链，是开环。

（2）环形因果链

在真实世界中，问题往往是非常复杂的，问题与问题之间、问题与结果之间、结果与结果之间存在着相互影响和动态作用，要想找到单一的"病因"并施加影响很难，甚至有些是不可能的。普通工具难以表达动态因果关系，可以用动态因果图来表达。如存款理财利滚利、强者恒强等良性循环；欠高利贷、弱者越弱等恶性循环，可用动态环形因果图表达因果互动关系，是闭环。

例如：业务量增加导致服务质量下降。业务量增加导致工作负荷增加，处理能力下降，从而增加了出错概率（开环），降低了服务质量（开环）。若把出错概率增加导致管理压力增加，进而加大工作负荷做因果连接，就形成了一个闭环，不过它是一个恶性循环，如图 7-12 所示。

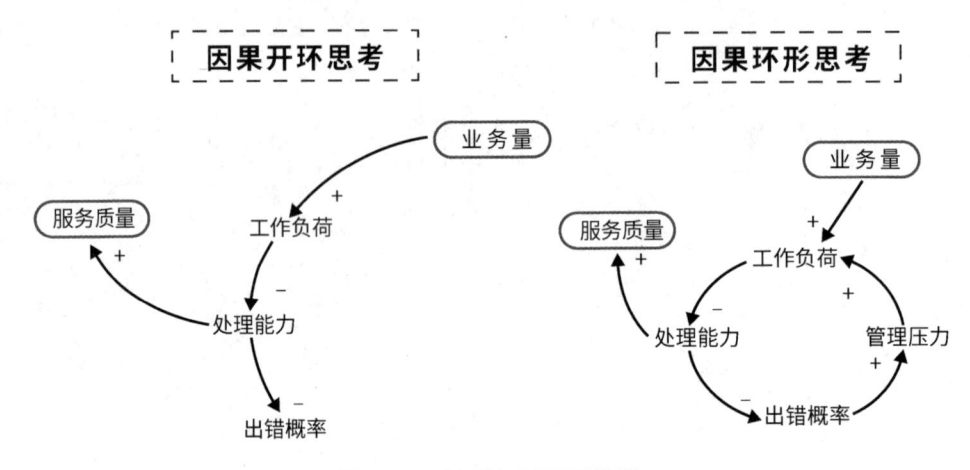

图 7-12　开环与闭环因果图

2. 深入思考

冰山露出水面的部分，是我们可以观察、感知、经历的事件或活动，如新产品发布、员工离职、客户投诉、竞争对手采取行动以及政府出台了新的法规或监管政策等。

为了更深入地了解这个系统,你需要进一步思考为什么会发生这些事件?未来还会发生哪些事件?

例如:针对企业研发管理,应从表面可见的救火状态,深入思考背后的运行模式及结构,从而制定以管理体系及人才能力建设为核心的"根本解"。

3.全面思考

(1)本位思考

人的基本需求是生存,而与生存紧密相关的是其身处的环境,因此本位思考在某种程度上是人自我保护的本性使然。

本位思考与信息的对称、公开透明存在一定联系,是人的认知系统内一系列过程或要素相互影响和作用的结果。

(2)本位到全局

从本位思考到全局思考,其中一个基本要求是:条理清晰地梳理复杂关系,确保不遗漏重要实体。

只看见事物好的一面,而不考虑它的危害,这样片面思考可能会导致祸患,因此需要全面思考,要充分考虑事物的多面性、多样性、系统性。

4.复杂系统思考

自然界的许多系统具有多层级、多变量、多因果、非线性等特点。就因果关系而言,有多因一果、一因多果、多因多果、互为因果、交叉因果等关系。比如,飞机、卫星等复杂系统,系统层级可划分至十多层,零部件数量众多;企业整体运营管理,营销、研发、制造等业务域的运营管理,复杂系统到处存在。

复杂系统问题思考与解决步骤如图7-13所示。

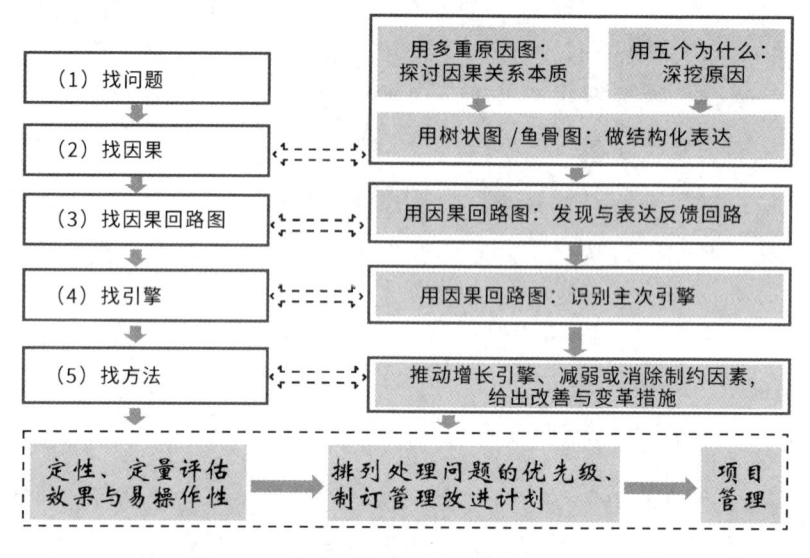

```
(1) 找问题
    ↓
(2) 找因果  ←----  用多重原因图：探讨因果关系本质    用五个为什么：深挖原因
    ↓              用树状图/鱼骨图：做结构化表达
(3) 找因果回路图 ←----  用因果回路图：发现与表达反馈回路
    ↓
(4) 找引擎  ←----  用因果回路图：识别主次引擎
    ↓
(5) 找方法  ←----  推动增长引擎、减弱或消除制约因素，给出改善与变革措施
    ↓
定性、定量评估效果与易操作性 → 排列处理问题的优先级、制订管理改进计划 → 项目管理
```

图 7-13　复杂系统问题思考与解决步骤

5. 本质思考

归零思考，即清空脑子中的已有的各种想法，通过动态、深入、全面的思考，透过现象看本质，看到信息层面背后的逻辑层面，直至假设层面。即看到事物的本质，回归至本质思考。

如针对研发管理，研发什么（产技规划、需求、立项论证，确保做正确的事）；怎么做（做好概要、详细设计，确保正确地做事）；做得怎么样（评审、仿真、测试等做得是否正确）；理解不同类型（如产品开发、改进改型、技术预研、编写标准等）研发工作所需控制的环节，把各个环节串起来，形成流程；流程中每个环节控制什么（内容）、怎么控制（方法和工具）、谁去控制（团队分工）、如何控制（能力训练）、怎么高效做事（IT系统支撑）、如何运用以往积累的知识（CBB建设）、体现贡献者为本（绩效、职级、薪酬体系）；这些就是研发管理体系建设所要解决的本质问题。

IPD 本质上也是为了解决上述问题，只是大家在学习时往往偏重于流程制度这个"形"，而忽略了背后的"神"，"形"与"神"需有机结合才能见实效。

7.4.3 系统集成

系统集成是指运用系统思想，依据用户需要，优选各种技术和产品，将各个分离的子系统连接成一个完整、可靠、有效的整体，使之能彼此协调工作，发挥整体效益，达到整体性能最优化。

例如，Zemic_ZOS 数字化运营管理平台构建了 18 个业务域+企业智慧大脑/管理驾驶舱，支撑着企业整体业务的一体化运营管理；再将 Zemic_ZOS 平台与工业设计软件、制造执行系统、仓储物流系统、智能建筑系统等实施互联，就可以实现企业内部整体互联互通，进而迈向数智工厂，如图 7-14 所示。

7.4.4 系统工程

系统工程（Systems Engineering，SE）是将整个系统作为研究对象，从系统的整体出发，采用最合理、最经济、最有效的组织管理方法和技术进行系统集成，达到系统的目的，如数字化转型方案、研发体系建设等。

关键：使系统整体达到最优化。

例如，运用系统思想，集成技术、方法、工具等要素，逐步开发与运用企业全业务域一体化数字运营管理平台，支持数智工厂的建设，这就是 SE，如图 7-15 所示。

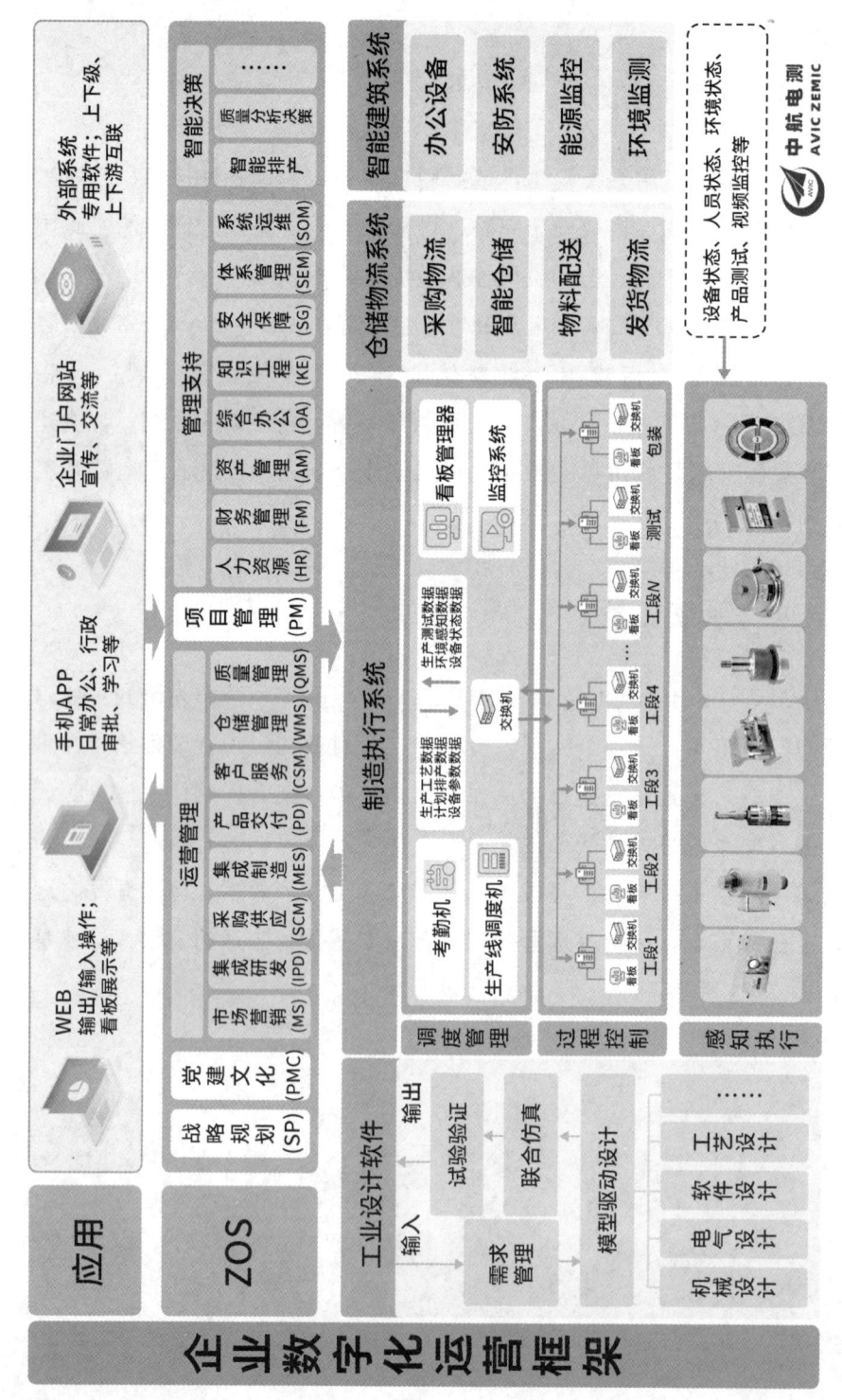

图 7-14　企业数字化运营框架

第7章 逻辑思维种类

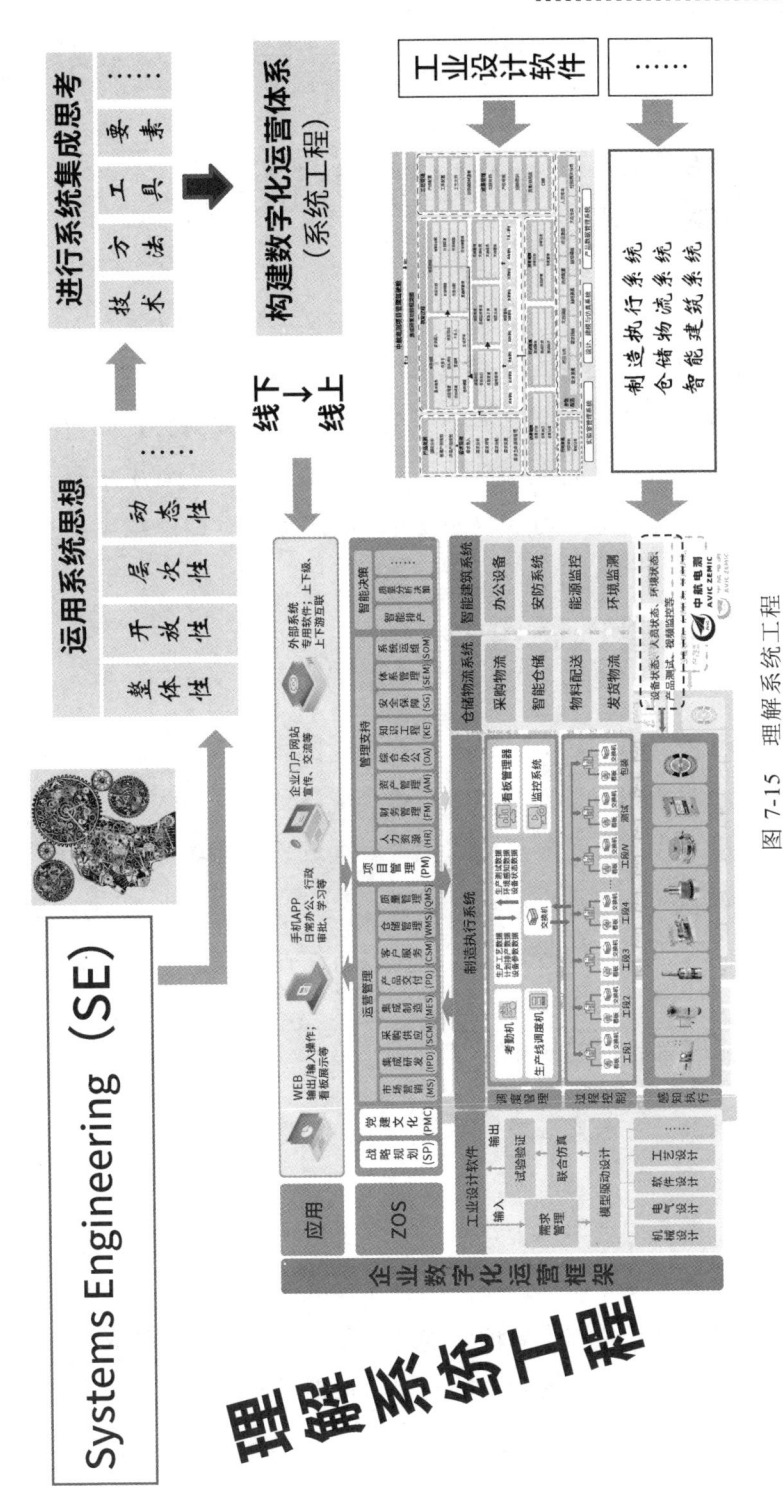

图 7-15 理解系统工程

第 8 章 管理能力进阶

企业管理者需要管人、管事。管人是一项高超的艺术,除了自身需要有良好的品德涵养,还要具有很强的沟通协调、团队协作能力,只有这样才有可能管理好团队,并带领团队打造核心竞争力;管事是一项复杂的系统工程,需要有计划执行、创新变革、业务管理、战略决策的基本能力。

8.1 团队管理思维

现代企业竞争的核心,是人才竞争、团队竞争。

企业由员工组成,需要将员工组合成各种专业团队去完成企业的各项任务。企业要发展,就要推动组织的持续成长,推动创建高绩效团队。

8.1.1 运用影响力

1. 管理者行动的影响

鲇鱼效应:身教比言教更具说服力。

德国动物学家霍斯特

在一个企业或者组织中,只要管理者出现问题,那么整个企业或者组织也就不可避免地会出现问题。下属觉得最没劲的事,就是跟了一位没有能力的领导。领导要做下属的表率,以身作则,带动下属成长;管理者是一个企业的核心,必须为企业的发展承担责任。

2．权威的影响力

权威效应：人微则言轻，人贵则言重。

权威效应又称为权威暗示效应，是指一个人要是地位高、有威信、受人敬重，那他所说的话及所做的事就容易引起别人重视，并让他们相信其正确性。

一个优秀的领导应当是企业的权威。领导应利用权威效应去引导和改变下属的工作态度及行为，这往往比命令的效果更好。

3．保持适当距离

刺猬法则：太过亲密会"刺伤"人。

人与人之间需要保持适当的距离，太过亲密会"刺伤"人。保持亲密的重要方法，乃是保持适当的距离。领导与下属保持适当的距离更有利于开展工作，只有这样才能最大限度地感受彼此的美好。

领导与下属之间常见的关系如下。

（1）下属十分惧怕领导，只有威，没有信。

（2）领导和下属打成一片，但是过于亲密，以致失去应有的原则，使工作无法正常开展。

（3）下属既不喜欢领导，也不愿意领导发号施令。这是最糟糕的情况，领导没有任何威信可言。

在现实情况中，前两者较多，组织成员对领导的态度在"喜"与"惧"两者之间变换，如果稍有偏向，领导就没有足够的威信。

8.1.2 协调团队高效工作

通过协调，打破堡垒，聚合能量。

最好的 CEO 是构建他们的团队来达成梦想，即便是迈克尔·乔丹也需要队友一起来打比赛。（查尔斯·李）

企业的成功靠团队，而不是靠个人。（罗伯特·凯利）

1. 团队磨合

磨合效应：完整的契合等于完美的配合。

团队要想达到完整的契合，团队成员之间就要作出必要的取舍。领导要善于调节部门之间的矛盾，消除误会，解决分歧，倡导合理竞争，实现组织的整体目标。

要做好团队磨合应注意以下几点。

① 从人治转向法治。

② 协调个性，梯次配备。

③ 化解矛盾要有策略。

④ 相互帮助，适度竞争。

⑤ 彼此谦让，团队和谐。

2. 补齐短板

木桶定律：加长所有的短板。

美国管理学家劳伦斯·彼得

管理者要善于整合团队资源，让所有人都能维持在一个足够高的相同高度，以充分发挥团队的整体作用。

要做好补齐短板应注意以下几点。

① 不轻易忽视"短板"员工，通过修补，使短变长，对难以变长的，就只能更换了。

② 整合团队出效益。要慧眼识人、优势互补、梯队合作。

③ 团队中补短，并不意味着领跑者要停下来等待，而是要抽出部分精力来训练后进者，带动整个团队前行。以企业产品质量管理活动为例，产品全生命周期管理过程均需得到严密管控，某一细节的遗漏会导致功亏一篑。

3. 形成合力

华盛顿合作定律：一加一并不等于二。

一个人敷衍了事，两个人互相推诿，三个人则永无事成之日。这类似于《三个和尚》的故事：一个和尚挑水吃，两个和尚抬水吃，三个和尚没水吃。

组合失当，丧失整体优势；安排得当，才成最佳配置。要让团队形成合力，互相补短，形成合力，使"1+1>2"。

要做到形成合力应注意以下几点。

① 明确任务，减少内耗。

② 按计划管理，强化合作，提升执行力。

③ 组织的功能就是要让平凡的人在一起作出不平凡的事情。

④ 管理不是"管理人"，而是"领导人"。

4．精兵提效

苛希纳定律：用最少的人做最多的事。

美国著名管理学家苛希纳

要避免出现鸡多不下蛋、龙多不下雨、人多瞎捣乱的局面。

在管理上并不是简单的人多力量大，管理人员越多，工作效率未必越高。只有明确职、权、利，不断完善管理，才能缩短工作时间和降低生产成本。

要做好精兵提效应注意以下几个方面。

（1）兵不在多而在精

比如，在做试验时，按工作量估算2人需1天完成，若派更多的人去会怎么样？是否会出现2人干、多人看，仍然无法提前完成任务的情况？

（2）避免十羊九牧现象

比如，在库存管理中，无价值或低价值的物品应及时处理，不处理会导致人力成本和管理成本的增加。

（3）注重效能

提高效率是为了以正确的方式做事，而提高效能则是为了做正确的事。对企业而言，不可缺少的是效能，而非效率。

8.1.3 团队建设

1. 团队建设内容

企业经营活动需要有一系列团队支撑。各团队个人能力、整体组织管理能力均需要持续提升，要做好团队组织发展的规划，并分步实施，持续迭代改进。××团队建设规划如图8-1所示。

沿着研发流程各阶段循序推进，各阶段由专业团队分工负责，便形成了流水式的研发管理；团队建设的内容，需要支撑各团队的职责落地；高水平的团队才能支撑高水平的研发，支撑财务与战略的成功。

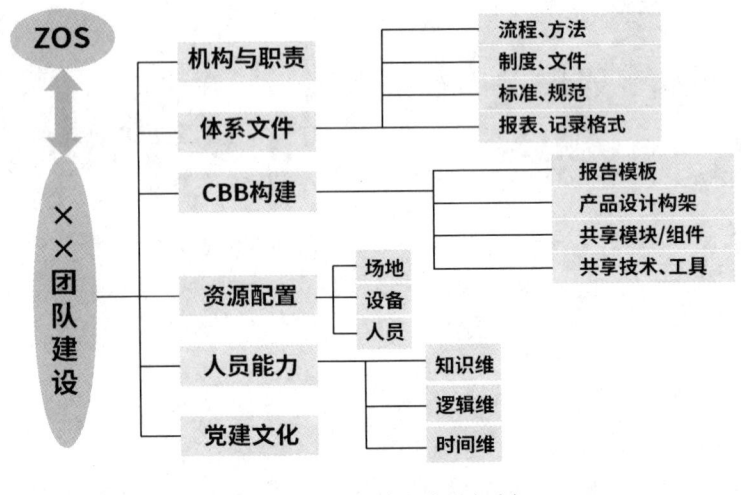

图8-1 ××团队建设规划

2. 人力资源建设规划

人力资源是实现战略目标的核心保障，需要在用人之前提前做好系统谋划（如将一名新入职的研发人员培养成研发助理至少需要1年，培养成能独立承担常规研发任务的人至少需要3年），如图8-2所示。

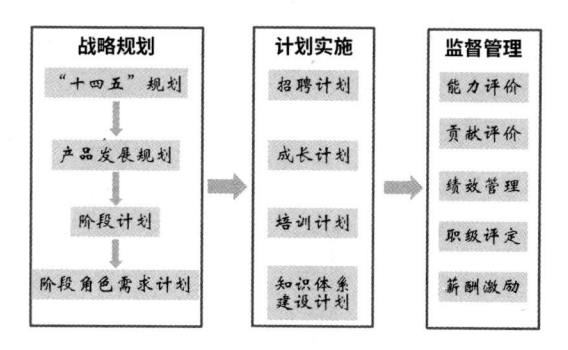

图 8-2　人力资源建设规划

3．培训培养

人力资源部门要通过建立知识工程、构建课程体系、实施培训培养计划，着力打造雁形梯队，为企业源源不断地输送人才。

8.1.4　选人用人

请适合的人上车，不适合的人下车。

简道尔法则：把适当的人放到适当的位置。

美国百事可乐公司前总裁唐纳德·简道尔

企业要尊重人、培养人、锻炼人，做到人位相配，各尽所能。选择人才对企业非常重要，只有选对人，才能做对事。

1．人才选拔

（1）避免以貌取人

一个外表英俊的人，人们很容易误认为他在其他方面可能也很不错。印象一旦以情绪为基础，这一印象常会偏离事实。如果以貌取人，或是对一个人的能力以偏概全，则可能会丢失很多宝贵的东西。

（2）慧眼识人，甘为人梯

管理者要甘当伯乐，要以大局为先，慧眼识才，放手用才，敢于提拔人才，积极为有才干的下属创造脱颖而出的机会。

2. 人才任用

（1）量才适用、人尽其才

管理者应以每个员工的专长为思考点，安排他们做合适的事，并依照员工的优缺点，做机动性调整，让每一个人发挥最大的效能。

（2）强者恒强、弱者恒弱

如果管理者永远只起用比自己能力低的人，那么公司将一步步沦为侏儒公司；如果管理者有胆量和气度任用比自己能力更强的人，那么公司就能成为巨人公司。

（3）建立成长通道，慎用职务晋升

彼得原理：莫让员工溃败在晋级的天梯上。

美国管理学家劳伦斯·彼得

管理者应把下属安排到一个能让他们发挥作用的位置上，而不是通过一味地提拔奖励，让他们最终迷失甚至溃败在无尽的晋级当中。

① 建立多通道的职级升迁机制。
② 建立以贡献者为本的薪酬体系。
③ 建立分层、分类的培训机制。

3. 留住人才

企业要发展，人才是基础，要用事业、感情、待遇留人，如图8-3所示。

酒井法则：让员工永久安家落户。

日本企业管理顾问酒井正敬

在招聘时用尽浑身解数，使出各种方法，不如使自身成为一个好公司，这样人才会自然而然汇集而来。如果不能吸引人才，那么现有的人才也会留不住。管理者要努力创造条件，吸引和留住人才。

留住人才要做好"四心"工作。

① 安心：给员工不走的理由。
② 暖心：增强大家的归属感。

③ 舒心：创造理想的工作环境。
④ 留心：留人重在留心。

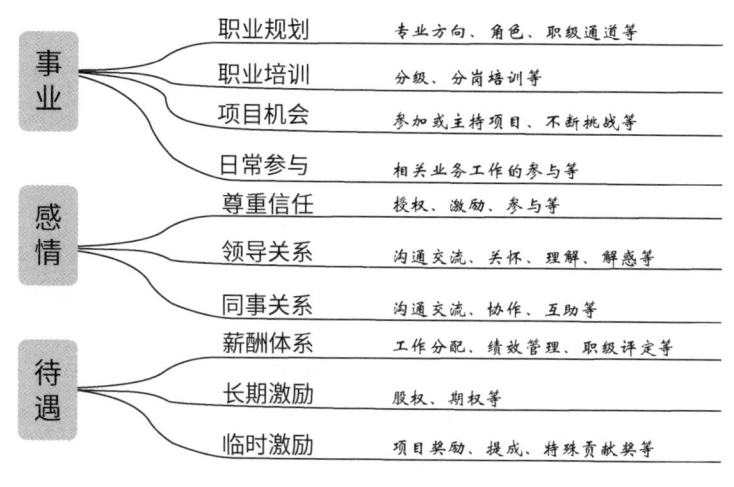

事业
- 职业规划：专业方向、角色、职级通道等
- 职业培训：分级、分岗培训等
- 项目机会：参加或主持项目、不断挑战等

感情
- 日常参与：相关业务工作的参与等
- 尊重信任：授权、激励、参与等
- 领导关系：沟通交流、关怀、理解、解惑等
- 同事关系：沟通交流、协作、互助等

待遇
- 薪酬体系：工作分配、绩效管理、职级评定等
- 长期激励：股权、期权等
- 临时激励：项目奖励、提成、特殊贡献奖等

图 8-3　事业、情感、待遇留人

8.2　团队竞争思维

当前，企业面临消费者需求快速变化、技术发展迅猛、行业结构调整、国内竞争对手竞相追逐、国际竞争日益加剧等复杂环境，不确定性增加，只有时刻关注环境的变化，增强自身的竞争力，才能在市场中生存与发展。

8.2.1　凝聚团队

1．现状与困惑

为什么在一些企业中，有些员工的团队协作能力不强？

人类自古聚居而生，为什么我们在工作中还会经常遇到不和谐的团队呢？

为什么我们都在绞尽脑汁地想要获得如何通力协作的秘诀呢？

出现上述情况，非团队行为是主要原因之一。我们必须面对一个残酷的事实，那就是我们总是会有这样或那样的理由，无法和自己的同事做到亲密无间地并肩作战。

2．提高团队竞争力

① 设定目标：知道团队前进的方向。
② 沟通交流：注意表达、注意倾听。
③ 信任：信任对方，同时努力让自己成为一个值得依赖的人。
④ 承担责任：言出必行，绝不出尔反尔，言而无信。
⑤ 认可：抱着欣赏的态度看待其他成员的优点。

3．管控内部竞争

在目前的经济条件下，竞争是非常激烈的，甚至很多企业还鼓励内部竞争。如果不能有效管控这种竞争，则可能破坏团队合作。

8.2.2 竞争信息

一个成功的决策，等于90%的信息加上10%的直觉。（S. M. 沃尔森）
对对手和我们周围环境的了解，是制定全部政策的基石。（汉森·鲍德温）

1．外部信息

外部信息包括细分市场规模和增长率、客户期望、竞争产品与竞争策略、监管要求与限制、经济和政治因素，以及各因素的发展趋势或变化。
下面简单介绍收集外部信息的 TIME 法。
（1）T——技术（Technology）
评估新技术、新工艺带来的机遇和风险。
（2）I——产业（Industry）
评估特定产业的"吸引力"，对准备新进领域可采用波特（Porter）五力产业分析模型进行分析。

（3）M——市场（Market）

产品经理：

① 不是直接向客户销售产品，而是帮助客户购买产品。

② 吸引和保持住优质客户的能力，是企业战略实现的基石；相比于产品销量的增加，产品经理应更加关注优质客户量的保持与增加。

③ 划分细分市场，制定细分标准，获取相应情报与需求。

④ 学会"选择"，意味着在资源不足的情况下，需选优弃劣。

⑤ 重视潜在客户与需求的挖掘、延展。

（4）E——事件（Event）

① 标准变化趋势，如驾驶证申领与使用标准，机动车环检、安检、综检、计量标准的变动及影响等。

② 政策变化趋势，如政府环保督查对企业生产交付及成本造成的影响，机动车两检合一、三检合一政策以及放宽检验周期对机动车检测行业的影响，强军行动对军品需求的影响等。

③ 技术与工艺变化趋势，如5G、人工智能技术，应变计生产中涉及的新材料、新工艺，新能源汽车、智能汽车的发展趋势等。

④ 宏观经济变化趋势，如近几年受国内宏观经济的影响，许多低技术、劳动密集型企业面临的转型问题，劳动力成本上升趋势对制造业竞争力的影响等。

⑤ 重大事件的预测与影响预估，如中美贸易战、美国对伊朗石油禁运、俄乌冲突等对全球经济的影响。

2．内部信息

（1）成本与财务问题

与产品定价策略、竞争策略制定等密切相关。

（2）技术能力

与判断能否实现用户定制化需求、适应未来市场变化需求等密切相关。

(3)各产品品种销量及利润贡献

便于整合、优化产品系列,提高生产效率。

(4)库存及存货周转率

便于整合、优化产品系列,控制生产与交付方式,提高资金效率。

3. Zemic_ZOS 知识文库分类

中航电测 Zemic_ZOS.KE 的知识文库中,将外部信息做了如下分类。

(1)政策动态

发展规划/方向/导向、标准/政策、重大事件等。

(2)技术动态

行业相关技术、跨界技术等。

(3)竞争情报

竞争对手产品/市场布局、对手技术布局、对手渠道策略等。

8.2.3 竞争分析

竞争分析是研究、分析、比较与自己相关的竞争对手的一个广义术语。企业出于各种原因(如品牌推广、产品战略、市场战略、产品定价等)进行竞争分析。通过核心竞争力分析,制定竞争策略并实施,推动企业形成核心竞争力(价值性、稀缺性、不可替代性、难模仿性、可持续性等)。

企业需要分析组织、体系、能力、品牌等运营管理类竞争能力;分析人、财、物、环境等资源类竞争能力;对市场进行关键产品、产品线、区域级竞争能力分析;对标杆企业、主要竞争对手之间的企业级竞争分析;对战略级的质量、成本、服务、差异化、产品或区域集中度进行分析等。

常见的竞争分析工具有 3C、SWOT、PEST、波特五力竞争等。

1. 3C 分析

3C 分析是指从客户(Customer)、竞争对手(Competitor)、企业自身

（Corporation）去分析问题，也称 3C 战略三角模型。在制定企业战略、市场营销策略时，企业应充分利用其相对竞争优势去更好地满足顾客需求，努力与竞争对手形成绝对的差异化。

产技规划分析关注要素如图 8-4 所示。

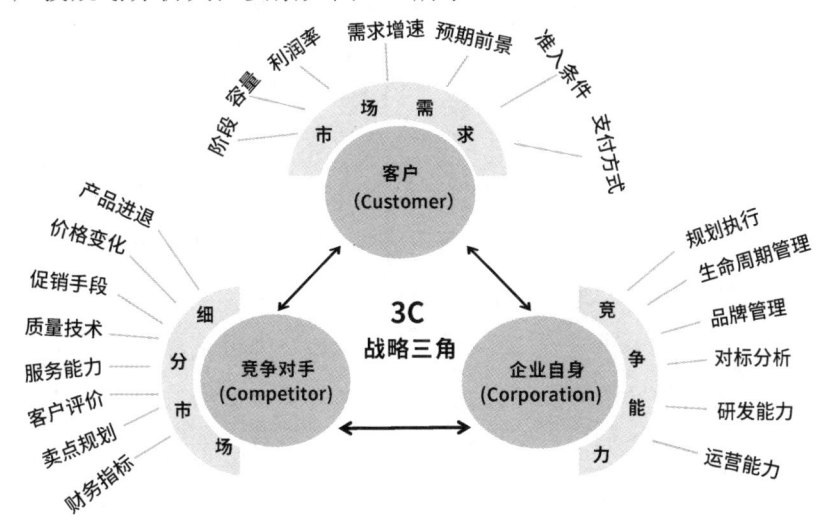

图 8-4　产技规划分析关注要素

2. SWOT 分析

S 代表优势（Strengths），W 代表劣势（Weaknesses），O 代表机会（Opportunities），T 代表威胁（Threats）。SWOT 分析是指将内部优势与劣势、外部的机会和威胁列成矩阵形式，用系统分析的思想，对各种因素进行综合分析并得出结论。

3. PEST 分析

PEST 分析是指宏观环境的分析，其中，P 代表政治（Politics），E 代表经济（Economy），S 代表社会（Society），T 代表技术（Technology）。在分析一个企业所处的外部环境时，通常是通过上述 4 个因素进行的。

4．波特五力竞争分析

在企业准备进入某一新领域（市场）时，常用波特五力竞争分析法去分析供应商的讨价还价能力、购买者的讨价还价能力、潜在竞争者进入的能力、替代品的替代能力、行业内竞争者现在的竞争能力等。

8.2.4　竞争战略与策略

如果通用电气公司不能在某一个领域坐到第一或者第二把交椅，通用电气公司就会把它在这个领域的生意卖掉或退出这个领域。（杰克·韦尔奇）

快鱼法则：不是大鱼吃小鱼，而是快鱼吃慢鱼。

思科公司前总裁约翰·钱伯斯

当今市场竞争异常激烈，市场风云瞬息万变，市场信息流的传播速度大大加快。在"快者为王"的时代，企业必须突出一个"快"字，追求以快制慢，努力应对市场变化。

1．竞争分类

（1）按市场竞争程度划分

① 完全竞争：是指一种没有任何外在力量阻止和干扰的市场情况。

② 不完全竞争：一般是指除完全竞争以外、由外在力量控制的市场情况，包括垄断竞争、寡头垄断、完全垄断等3种类型。

（2）按价格策略划分

① 价格竞争：是生产经营同种商品的企业，为获得市场份额而进行的竞争。

② 非价格竞争：是通过产品差异化进行的竞争，可能导致企业生产经营成本增加。

2．竞争战略

竞争是潜力的催化剂，也是迈向成功的催化剂，是生存的一种规则。

对于企业管理者而言，只有不惧竞争、敢于竞争、善于竞争，才能在市场经济大潮中获得生机，赢得生机。

（1）高质量竞争战略

高质量竞争战略致力于树立高质量的企业形象，并希望在竞争中以高质量超越竞争对手。高质量竞争战略的优势在于它是一切竞争手段的前提和基础，也是树立良好企业形象的基础。

（2）低成本竞争战略

低成本竞争战略的关键是发挥规模经济的作用，使生产规模扩大、产量增加，使单位产品固定成本下降，提高市场占有率；也可以与竞争者同价销售产品，取得较高利润。

但低成本竞争是难以持续的，当同行企业采取各种措施使成本最小化时，这一战略就失去了意义。

（3）差异优势竞争战略

差异包括产品的性能、质量、款式、商标、型号、档次、产地，生产产品所采用的技术、工艺、原材料，以及售前售后服务、销售网点等。

在差异优势竞争战略中，解决问题的出路是使企业各方面的优势，成功地转化为产品、服务、宣传、销售网点等方面独具特色的差异优势，减少与竞争对手的正面冲突，并在某一领域取得竞争的优势地位。

（4）集中优势竞争战略

集中优势竞争战略要求企业致力于为某一个或少数几个消费者群体提供服务，力争在局部市场中取得竞争优势。所谓集中，就是企业并不面向整体市场的所有消费者推出产品和服务，而是专门为一部分消费者群体（局部市场）提供服务。

但它也有一定的风险：当所面对的局部市场中供求、价格、竞争等因素发生变化时，就可能使企业遭受重大损失。

3．竞争策略

市场策略包括产品、运营管理、价格、渠道、推广、服务、客户关系等策略，关注其中的核心竞争要素，进而制定竞争策略，如图8-5所示。

策略	关键行动		
产品策略	推动产品立项和预研，逐步提高信息化产品占比	市场策略	竞争策略
	调研竞争对手产品，迭代完善产品质量		
	梳理产品成本目录，探讨降低成本方案		
	推动开发低配版机械台架		
运营管理策略	提升策划、调研、分析能力		
	试点推动江浙沪、陕川渝办事处，提升重点区域市场份额		
价格策略	搭配高低配置产品，根据市场及客户情况调整销售价格		
渠道策略	制定竞争薄弱区域代理优惠政策，推动弱势市场发展		
	开展互联网平台销售		
推广策略	(1) 通过问卷调查方式开展区域分析，找出与竞争对手的差距，制定区域营销策略； (2) 开通自媒体平台，多渠道宣传企业及产品信息		
服务策略	增设服务站，服务站占比在"十四五"末期提升20%		
客户关系策略	探索服务模式转型，提升客户服务满意度		

图 8-5 制定竞争策略

依据企业的市场竞争地位可分为四种竞争策略：市场领先者策略、市场挑战者策略、市场跟随者策略、市场补缺者策略。

4．合作共赢

> 史密斯原则：没有永远的对手，只有永远的利益。
>
> 通用汽车公司前董事长约翰·史密斯

无论是合作还是竞争，说到底都是为了利益。企业为了自身的生存和发展，某些领域也需要与竞争对手进行合作，建立战略联盟，即为竞争而合作、靠合作来竞争。

8.3 企业领导力

8.3.1 何谓领导力

领导力是指管理者凭借其个人素质的综合作用在一定条件下对特定个人或组织所产生的人格凝聚力和感召力，是保持组织卓越成长和可持续发展的重要驱动力。

领导就是要让他的人们,从他们现在的地方,带领他们去还没有去过的地方。[美国前国务卿基辛格(Henry Kissinger)博士]

记住,是人使事情发生,世界上最好的计划,如果没有人去执行,那它就没有任何意义。我努力让最聪明、最有创造性的人们在我周围。我的目标是永远为那些最优秀、最有天才的人们创造他们想要的工作环境。如果你尊敬人们并且永远保持你的诺言,你将会是一个管理者,不管你在公司的位置高低。[通用汽车公司副总裁马克·赫根(Mark Hogan)]

领导力的本质就是影响力。

(1)权力性影响力

权力性影响力又称为强制性影响力,对人的影响带有强迫性、不可抗拒性;对人的心理和行为的激励是有限的。管理下属时应注意:

① 对下属应充分授权但要做好过程监督。

② 面对冲突,应能及时给出合理的方案加以解决。

③ 在下属请示问题时,能及时解决与回复下属的疑虑。

④ 给出的决策与行为应能服众。

(2)非权力性影响力

非权力性影响力也称非强制性影响力,主要来源于管理者的人格魅力,管理者与被管理者之间的相互感召和相互信赖。

非权力性影响力主要包括品格因素、才能因素、知识因素、情感因素等,体现在以下几方面:

① 较高的学识水平,在单位形成一定的影响力。

② 与团队核心骨干、成员有情感交流,能和睦相处。

③ 具有服众的人格魅力,团队成员愿意自发跟随,并为此并肩奋斗。

(3)从管理者向领导者转型

科技型企业中,知识型员工的比例较大,管理的制度化、强制性的执行方式遇到越来越多的挑战,亟待更新管理者的心智模式和创新理念,即要求管理者向卓越的领导者转型。

领导力的主要内容包括：

① 学习力，表现为管理者成长的能力。

② 决策力，表现为管理者高瞻远瞩的能力。

③ 组织力，表现为管理者选贤任能的能力。

④ 教导力，表现为管理者带队育人的能力。

⑤ 执行力，表现为管理者超常的绩效。

⑥ 感召力，表现为管理者人心所向的能力。

8.3.2　研发领导力

1．认识创新驱动的作用

（1）市场与业务创新

在传统业务的基础上，立体挖掘与创新（纵深/横向/未来）相关领域新的市场与业务机会，拓展企业发展空间。

（2）技术与产品创新

建立核心竞争力，取得市场、技术、质量、成本、服务的综合优势，增强中高端客户的黏度，扩大市场定价权，驱动企业市场份额与利润率增长。

（3）企业管理创新

学习、吸收、借鉴先进的管理理念、思路、工具和手段，结合自身特点，不断进行管理创新，驱动企业运行管理效率与质量的不断提升，不断降低管理成本。

（4）产品制造创新

创新生产管理、工艺、流程、方法、工具和手段，用IT固化生产流程，通过自动化提高效率与质量，不断提升智能化程度，驱动企业产品制造效率、质量、劳动生产率、职工收入的不断提升。

（5）其他

企业需要设立各项指标的理想目标，再系统分析各维度的能力差距、质量差距，持续创新与改进，推动整体发展。

2．评估研发效果

研发效果主要体现在如下几个方面。

（1）产品研发能力提升

在对产品研发投入与产出做评估时，需针对新品研发、老品的改进改型建立定量评价模型；在设计评价指标时，需注意投入与产出的滞后性，切不可急功近利。

（2）制造能力提升

对智能制造投入与产出评估。该模型建立比较容易，生产线建设的投入主要由生产线研发及制造成本构成，而产出主要通过提升产能、降低成本、提高质量等来评估。

（3）管理能力提升

通过企业数字化运营系统的开发建设，推动管理能力的提升。该评价模型不容易实现定量化，需定量与定性相结合，应主要考虑企业运营成本、IT 建设与运维成本等，可以通过企业管理成本的变化进行宏观评估。

3．研发领导力方面的常见问题

（1）对研发投入的认识问题

主要表现为对前期研发经费投入不足、对研发效果滞后性认识不足、对研发效果评估不足、人才储备不足等。

（2）技术自信问题

部分企业研发工作的重点停留在新技术与工具的应用、应用技术的开发、产品跟随仿制阶段，缺乏对正向设计的思考布局；缺乏高水平领军人物，难以开展新技术与新工具、高精度高可靠性设备、核心工艺与材料、精密器件等开发工作，最终导致缺乏自信心，失去开拓创新的动力。

（3）发展方向问题

① 战略规划部门重点工作局限于梳理现有工作及总结、给领导做好秘

书、做情报收集整理等,没有牵引及组织研究未来产品战略布局的能力。

② 目前的营销部门+产品经理,缺乏在纵/横/未来维度进行高质量立体研究的能力。

③ 目前产品规划的商业价值不足,已规划的产品与市场需求的契合度不高,常出现开发出的产品无法产生预期的财务价值。

④ 布局的产品规划缺乏持续增长空间,难以支撑长期可持续发展。对新兴业务、种子业务的开发与培育不足,短期行为较明显。

⑤ 领头雁的任务应该是寻找产业方向、建设相应的支撑能力与环境、提升整体运营管理水平,却常常陷入企业日常运行管理的琐碎活动当中,把自己变成了高级营销员或生产主管。

(4)研发立项决策评审问题

立项决策评审的核心内容是回答为什么做、做什么、怎么做、值不值得做、有没有能力做、风险是否可控、谁来做、需要什么资源做、何时做完等问题。立项决策评审直接决定了最终的研发效果,应该建立分级决策机制,重点、重大项目应由高管团队作出决策。

① 谁来决策?是技术部门还是高管团队?有没有建立分级决策机制?

② 主持或参加了哪些项目的决策评审?已立项的项目对未来的作用评估了吗?已开发的产品效果怎样?

③ 作为领导,你对现在的研发效果满意吗?有抱怨吗?该抱怨谁?

(5)研发过程管控

① 目前有哪些重点/重大项目?

② 进展顺利吗?能帮助扫清组织机构、资源配置、部门协同、技术卡滞、风险控制等方面的障碍吗?

③ 了解主要团队动态吗?各团队能做什么?正在做什么?资源利用怎样?

④ 领导本人主管的项目能按研发管理体系执行且受控吗?

8.3.3 复盘提升

人生学习一般有三种途径：第一种是从书本上学习；第二种是从身边的人身上学习；第三种是向自己过去的经验和教训学习——复盘。

只有自我持续成长，才能带来持久的成功；能够持久成功的人，一定是复盘的高手。复盘可以避免我们犯同样的错误，帮助我们找到和掌握规律、校验方向，最终提升我们的能力。

在企业经营管理中，从事先计划到事后总结，不断提升领导力，如图 8-6 所示。

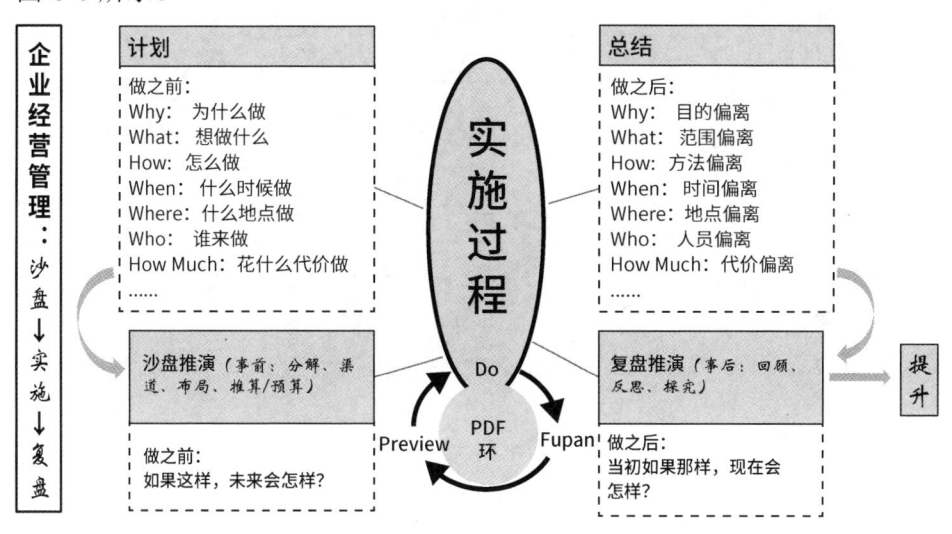

图 8-6　计划到沙盘→实施→总结到复盘

1. 何谓复盘

复盘就是在头脑中对过去所做的事情重新想一遍。它通过对过去的思维和行为进行回顾、反思和探究，找出原因，找到规律，从而指导我们解决问题，帮助我们提升能力。

复盘四大步骤：

（1）回顾：回顾过程；

（2）反思：反思原因；

（3）探究：探究规律；

（4）提升：提升能力。

复盘步骤如图8-7所示。

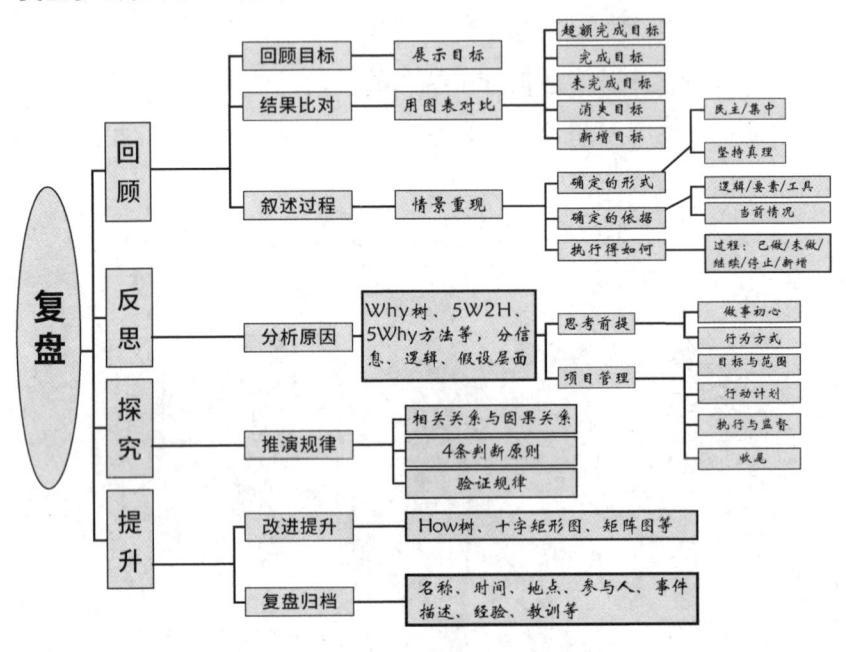

图 8-7 复盘步骤

2. 为何复盘

复盘是提升能力的重要手段，三思而后行，一个习惯复盘的个人和企业，品性会更加低调和踏实，避免浮躁和冒进带来的危害。

（1）复盘有助于避免犯同样的错误，让"撞墙"不"白撞"。

（2）复盘有助于找到规律，固化与改进流程。

（3）复盘有助于认清事物背后的问题，校验方向，走正确的道路。

3. 复盘类型

（1）自我复盘。

（2）复盘他人。

(3)团队复盘。

8.4 撬动杠杆

8.4.1 企业运行驱动

基于企业运营的本质,面向企业过程管理及数据应用,构建企业数字化运营管理体系,使企业走入数字化运营时代,这是时代的召唤。数字化运营管理平台固化了企业运营管理的思想,大量有规律、可重复的运营管理工作被 IT 运营管理所替代,管理人员可腾出更多时间和精力从事应急性、创新性的工作,不断完善管理体系,形成良性驱动环,如图 8-8 所示。

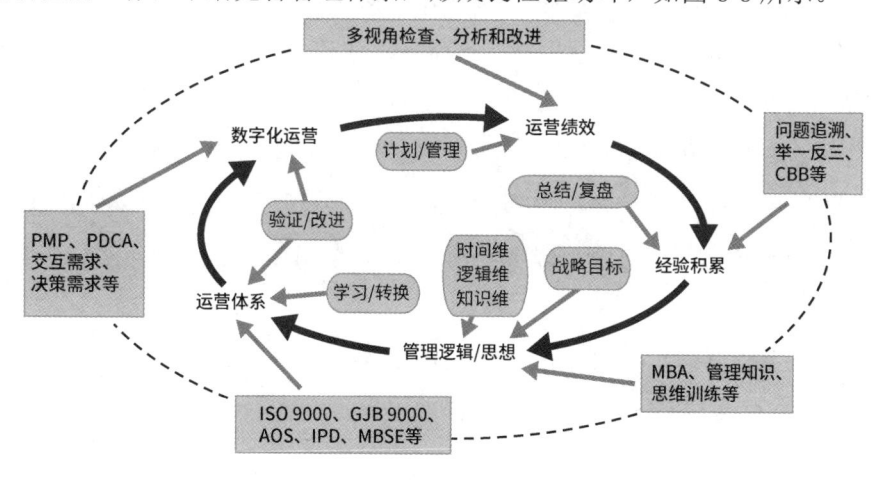

图 8-8 企业运营体系驱动环

8.4.2 成长引擎

(1)愿景引领

在企业发展愿景的引领下,制定战略规划并分解至年度及月度计划,拉动企业一系列经营管理活动的开展。

（2）情报引领

广泛收集情报，动态跟踪市场，及时应对变化，知己知彼，提前做好布局，引领企业发展。

（3）营销拉动

制定市场战略、营销策略，捕获市场需求，获取优质订单，直接拉动企业发展。

（4）创新驱动

创新是企业发展的第一动力，只有不断创新，才能使企业建立起核心竞争力。

（5）口碑效应

口碑效应是由于消费者在消费过程获得的满足感、荣誉感而形成对外逐步递增的口头宣传效应，客户满意并不仅仅是对你的结果满意，更多的是对你过程的挑剔。只有满足客户的需求，他们才会为你自觉自愿地传扬口碑。

（6）培训提升

通过知识维、逻辑维、时间维分层分类的培训，提升个人及团队的工作能力；支持提质、增效、降本，提升整体竞争力。

（7）自动化与IT支撑

通过生产自动化，提升产品生产质量和效率，降低生产成本；通过企业数字化运营管理平台建设，提升管理水平。生产自动化和管理自动化将会明显提升企业竞争力。

8.4.3 经营杠杆

阿基米德曾经说："给我一个支点和一根足够长的杠杆，我就能撬动整个地球"。在企业经营管理中，寻找一个合适的发力点，能加快企业的整体运营；在经营偏离轨道时，又需要及时干预并纠正。

1．战略

首先要制定战略规划并分解至年度及月度计划，然后定期检查执行情况，发现问题要及时处理，使经营管理沿着预定的轨道前行。

2．成果/目标

在战略框架下，制定具体工作目标，如销售收入、利润、对投资者的回报率、市场份额、新客户增加速度、老客户流失率、客户投诉率等。

3．控制杆——改进措施及手段

针对具体的目标，如质量、成本、效率等，制定长效措施，运用特定的手段，形成持续改进的机制。例如，针对产品质量管理，形成以产品全生命周期质量管理为核心的持续改进机制。

8.4.4 财富杠杆

在投资时做好预算，把握时间节点和投资额度，可以以最佳投资赢得最大回报。找准财富支点，你就能用你的财富杠杆撬动财富大厦，实现财富神话。

（1）企业并购：实现外延式业务拓展。

（2）项目投资：基础建设、产能建设、新品开发等，促进内生式增长。

（3）风险控制：市场风险、信用风险、流动性风险等。

（4）以最小投入获得最大收益：在投资理财中并不是投入越多越有效，要考虑投资成本，减少费用，以最小的投入获得最大的收益，这是投资理财的上上策。

（5）避免羊群效应：投资理财不是赶时髦，跟风很容易导致盲从，而盲从往往会陷入骗局或遭遇失败。要学会透过现象看本质，审时度势，作出正确的判断，才能减少失误和损失，获得最大回报。

8.4.5 协同杠杆

(1) 团队协作,让"1+1>2"

例如,在研发过程中,为使每一个环节做到最好,分别建立了不同的团队。应该训练团队中的每位成员,使之成为相应专业领域的高手,然后通过项目管理,组织团队协作与实现过程管控,使个人能力通过团队协作发挥至最佳水平。

(2) 系统集成,让"1+1>2"

团队协作是为了发挥人的作用,而系统集成则是为了发挥物与物、人与物之间的协同作用。比如,某条自动化生产线的各种设备单独运营时效率较低,但把多种设备进行系统集成,再处理好人机关系,便能极大地提高生产效率。

第 9 章　数字化管理能力

企业迈向数字化运营管理是大势所趋,它将提升企业的运营管理水平,增强企业的整体竞争力。与此同时,管理人员的能力也需要不断提高,以便更好地满足数字化运营管理的需求。本章通过数字化运营背景下项目管理三要素(质量、时间、成本)的讨论,为企业整体运营把脉,提升对企业运营管理的认识水平。

9.1　项目管理思想

项目管理思想从企业顶层宏观管理到底层微观管理无处不在,在数字化运营管理系统中,项目管理思想已被广泛应用。以研发管理为例,研发项目可分为新品研发、改进改型、技术预研、标准或工艺文件编制等类别,一个项目又可按阶段或内容划分成若干子项目进行管理。中航电测将系统工程管理思想与项目管理思想深度融合,开发了研发管理数字化运营管理系统 Zemic_ZOS.IPD。

9.1.1　项目概念与特点

1. 何谓项目

项目是为创造独特的产品、服务或成果而进行的临时性工作,是在限定的资源及时间内完成的一次性任务,具体可以是一项工程、服务、研究课题及活动等。

2. 项目成功要素

（1）按时完成（时间）。

（2）预算内完成（成本）。

（3）质量符合预期要求（质量）：功能、性能。

确定项目范围之前，要考虑范围、成本、时间等因素相互制约的关系；确定项目范围后，在成本、时间、质量等因素的约束下，完成项目范围内的工作。

3. 项目的特点

（1）独特性

每个项目所创造的产品、服务及成果都是独特的，重复部件的存在不影响项目的独特本质。

（2）临时性

每个项目都有确定的开始时间和结束时间。当项目目标达到时，项目也就结束了，但项目产生的产品和服务不是临时性的。

（3）渐进明细性

随着项目的持续进行，项目各要素将逐渐清晰，根据信息的逐渐清晰进行滚动式规划，这一点与范围蔓延（范围潜变）是不同的。

4. 分级管理

项目管理可分为单项目管理、项目集管理和项目组合管理。

企业的整体运营管理可视为一个项目组合管理；营销管理、研发管理、生产管理等可视为项目集管理；具体工作可按单项目进行管理，单项目又可分为若干子项目。当然，项目组合及项目集划分也是相对的，需视具体情况而定。

（1）项目集

项目集是一组相互关联且被协调管理的项目和子项目集，目的是为了获得比分别进行管理更大的效益。项目集管理是指为确保项目各项工作能够有机地协调和配合所展开的综合性和全局性的项目管理工作和过程，包括项目集计划的制订、项目集计划的实施、项目变动的总体控制等。

（2）项目组合

项目组合是指为了实现战略目标而组合在一起管理的项目和项目集，及其运营工作。

9.1.2 项目管理知识与流程

1. 项目的十大知识领域

项目的十大知识领域包括整合管理、范围管理、进度管理、成本管理、质量管理、资源管理、沟通管理、风险管理、采购管理和干系人管理等。

通俗来说，项目管理就是针对所要开展的项目，明确要做什么（范围管理）、什么时候做（进度管理）、用什么代价做（成本管理）、按什么要求做（质量管理）、需要什么资源（资源管理、采购管理）、这些资源如何沟通（沟通管理），以上管理要素如何整合，以实现综合最优（整合管理），有哪些风险及如何应对（风险管理），最终达成项目目标以满足需求（干系人管理），如图 9-1 所示。

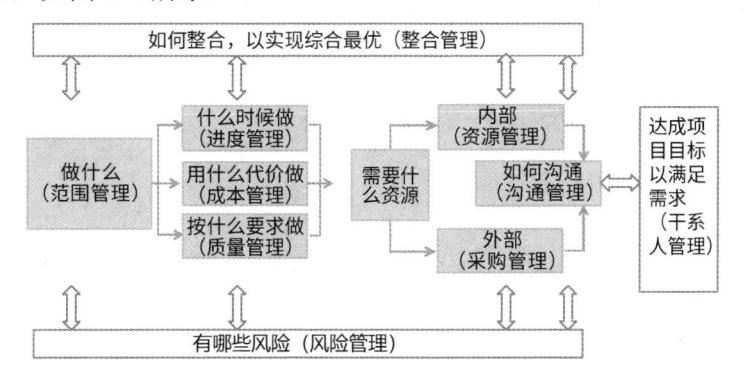

图 9-1 项目的十大知识领域之间的逻辑关系

2. 项目的五大过程组

项目管理五大过程组依次为启动、规划、执行、监控和收尾。五大过程组内又包含了 49 个节点。根据项目繁简程度、项目类型的不同，可以对不同节点进行剪裁优化。

每一个阶段的结束，都以该阶段的所有工作内容及目标达成，并通过审核/评审，或者测试/验证等作为标志，同时启动下一阶段工作，直至项目结束。

3. 项目管理团队

鉴于项目临时性的特点，项目组在启动时成立，在收尾后解散。项目组依据项目需要进行组建，其成员可能是部门内成员，也可能是跨部门甚至跨企业的团队。

项目经理在有限的资源约束下，运用系统的观点和方法，对项目涉及的全部工作进行有效管理，即对从项目的投资决策开始到项目结束的全过程，进行计划、组织、指挥、协调、控制和评价，以实现项目的目标。

9.1.3　项目管理考试认证体系

（1）PMP

PMP（项目管理专业人士资格认证）由项目管理协会（Project Management Institute，PMI）发起。1999 年，PMP 获 ISO 9001 国际质量认证，成为全球最权威的认证考试之一。

（2）IPMP

IPMP（国际项目经理资质认证）是国际项目管理协会（International Project Management Association，IPMA）在全球推行的四级项目管理专业资质认证体系的总称，代表了当今项目管理资质认证的最高国际水平。

（3）信息系统项目管理师考试

信息系统项目管理师考试一般指计算机技术与软件专业技术资格（水平）考试，具体的考务管理工作由工业和信息化部教育与考试中心负责。

信息系统项目管理师考试针对软件行业，分中级和高级两个等级，三门课程须一次考试通过，难度较大，可以以考代评。

9.2 产品质量管理

9.2.1 质量管理机理

做好产品质量管理，首先应以需求工程建设为抓手，建立起各阶段的质量目标；然后深入产品全生命周期的每个过程中，严密管控各质量要素；再通过项目管理手段管控产品全生命周期活动，并监控执行结果与目标之间的差距；最后用质量分析工具进行统计与分析，发现相关问题，定位关键问题，及时处理和改进，并制定防范措施。质量数字化管理机理如图 9-2 所示。

1．需求工程

研发流程的核心是需求的管控，需求工程就是要实现对需求要素的全过程实施闭环管控，不同阶段、不同产品，具有不同的要求。

（1）需求工程框架

我们建立的需求工程框架，是依据数字化管理的逻辑构建的，具体功能体现在 Zemic_ZOS.IPD 集成研发管理模块中。

（2）研发质量管理 CBB 建设

建立质量要素管理用的 CBB 模型/模板库，用于需求分析及同类研发质量问题的记录与管控。我们将产品质量要素分为 12 大类、若干子类，构建产品质量模型；再传递至不同的产品系列，做适应性调整，明确质量要素，构建产品分类质量模板。

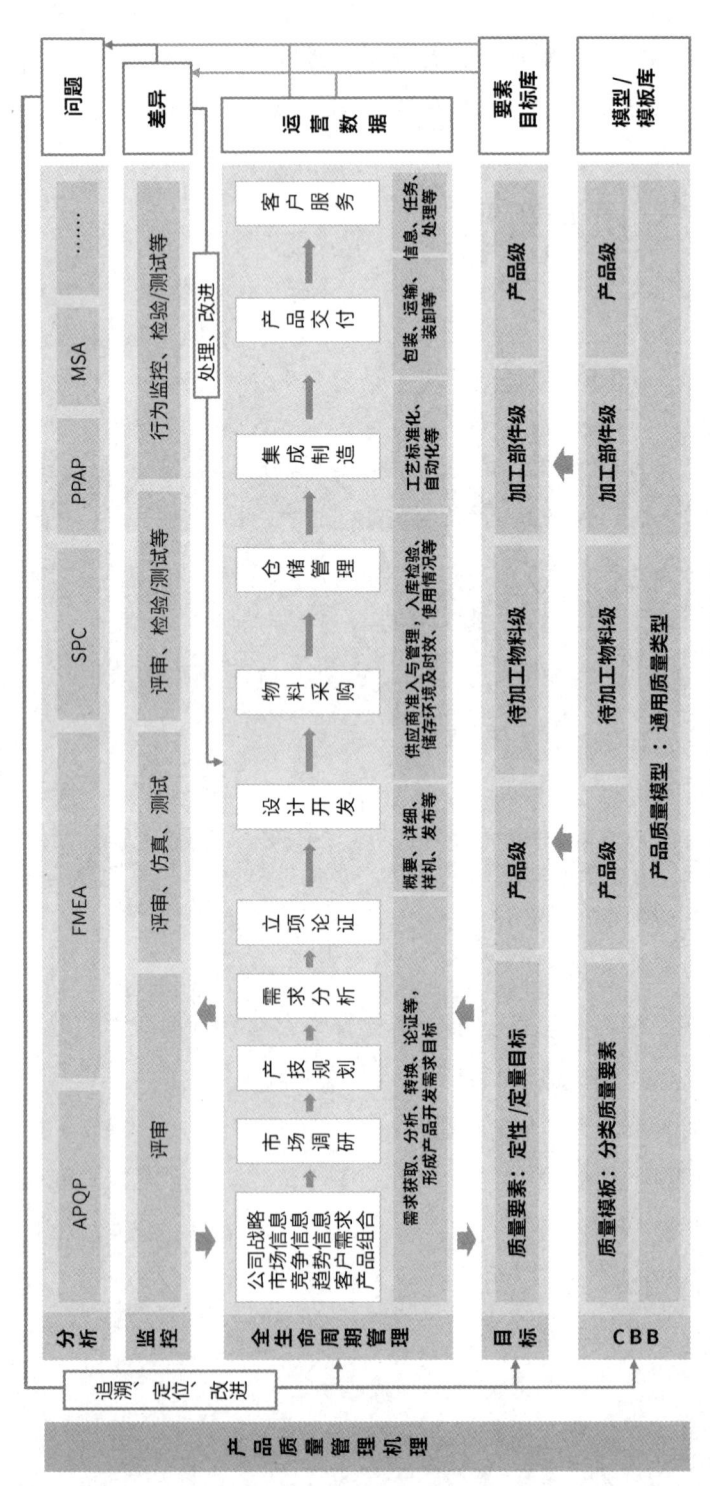

图 9-2 质量数字化管理机理

(3)产品全生命周期质量管理 CBB 建设

产品设计开发离不开产品全生命周期质量管理 CBB 建设。例如,在采购与仓储阶段,应构建起物料级的质量分类模板(如电气类、机械类等),再建立子模板(如电气类再分接触器类、继电器类、光电开关类等);在生产制造阶段,应构建起加工部件级的分类模板;在交付与客户服务阶段,使用研发阶段构建的产品级模板。

(4)建立质量目标

在具体做某型产品的开发时,可直接从该系列产品模板或同类产品要素表中继承与调整,并确定要素的定性或定量要求描述,选择控制阶段(如概要、详细、样机等)、控制方法(如评审、仿真、测试等),便于在不同阶段自动生成对应控制表。

在采购、制造等阶段,针对物料、部件级的质量目标建立,与上述过程类同。

2. 产品全生命周期管理

(1)研发过程

研发是产品质量问题产生的源头。

研发过程需要依据研发管理体系严格控制全过程,核心工作是全面无遗漏与准确表达质量需求,然后通过设计去实现质量需求;通过评审、仿真、测试去监控质量需求是否得以实现。

(2)采购与仓储

在物料采购中,要做好供应商的选择及过程管理,做好物料的入库检验及使用情况的跟踪。

在仓储管理中,要控制温湿度等环境因素,关注物料有效期等。

(3)生产制造过程

首先要做好产品统型工作,形成标准产品系列,减少生产管理难度,降低管理成本;其次要做好工艺标准化(工艺设计、验证、迭代)工作;再按工艺标准要求组织生产,严控生产过程中的每个作业细节;逐步提高自动化水平，向智能制造迈进。

（4）产品交付与客户服务

包装、装卸、运输、现场安装调试与试运行、用户使用过程，需保障产品质量各要素的持续稳定。

3. 过程质量监控

产品全生命周期的每个阶段，可以按启动、规划、执行、监控、收尾等项目管理思想做分段管理。

项目管理中的监控手段：研发阶段主要是评审、仿真、测试；采购与仓储阶段主要是资料评审、供应商评价、过程检验/测试；生产制造、交付与客户服务阶段主要是过程操作行为规范性的监控，过程检验/测试。

通过监控，发现各阶段过程执行与已建立的质量目标之间的差距，再针对差距进行分析、处理和改进。

4. 质量分析工具

（1）FMEA

FMEA（失效模式及影响分析）是在产品设计阶段和过程设计阶段，对构成产品的子系统、零件，对构成过程的各个工序逐一进行分析，找出所有潜在的失效模式，并分析其可能的后果，从而预先采取必要的措施，以提高产品的质量和可靠性的一种系统化的活动。

其中要对质量问题的严重度、发生频度、探测度进行分析评价，再计算出风险顺序数 RPN。发生频度是一种事后分析数据，需要一定的基础数据积累。

（2）SPC

SPC（统计过程控制）是一种借助数理统计方法的过程控制工具。它对生产过程进行分析评价，根据反馈信息及时发现系统性因素出现的征兆，并采取措施消除其影响，使过程维持在仅受随机性因素影响的受控状态，以达到控制质量的目的。

SPC需要有一定数量的基础数据积累。

（3）PPAP

PPAP（生产件批准程序）的目的是用来确定供应商是否已经正确理解了顾客工程设计记录和规范的所有要求、生产过程是否具有潜力，以及在实际生产过程中是否按规定的生产节拍持续生产满足顾客要求的产品。

（4）MSA

MSA（测量系统分析）：通过统计分析的手段，对构成测量系统的影响因子进行变差分析和研究以得到测量系统是否准确可靠的结论。

5．小结

解决质量问题没有捷径可走，但可以透过现象看本质，看清"根本解"：建立质量目标，用项目管理思想管理产品全生命周期的全过程，监控质量全要素，对发现的问题进行处理和改进。质量管理部门须抛弃幻想，脚踏实地地做好各项基础工作，主要精力应聚焦于与业务部门协同去做"根本解"。无论用何种质量分析工具，最终都需要落地到用"根本解"去解决质量问题，只有沿着这条道路前行，才能让产品全生命周期控制体系越来越严密，产品质量才能稳步提升。

9.2.2 质量要素根植于过程

（1）多要素融合于过程

质量管理是一项长周期的复杂系统工程，需要IT平台的支撑；质量、合规、安全等管理要素都根植于产品全生命周期管理过程，质量虽是企业运营管理的重要因素但只是其中之一，因此质量管理系统应该成为企业数字化运营管理系统的一部分，需要实现运营过程的统一，而分析、处理和展示层面则可以分离。

（2）Zemic_ZOS的过程管理

Zemic_ZOS采用一体化架构，消除了数据孤岛。系统自顶向下来设计过程，达到了数据的完整性、一致性，因而无须进行数据治理，主要特点如下：

① 全过程管理要素（质量、合规、安全、环保等）的采集。
② 从订单到交付主价值链的贯通。
③ 集成研发协同平台的打造。
④ 业财一体、业管一体。
⑤ 从战略制定到战略落地全过程可监控。
⑥ 构建决策模型，利用各要素数据进行决策分析，助力智能制造。

（3）质量管理支持
① 支持战略与计划层面的质量目标管理。
② 产品全生命周期的质量目标与要素管理，测量、监控、处理与改进，融合于主价值链业务运营过程。运营过程的控制包括质量、合规、安全、环保等要素。
③ 对质量管理所需的人、财、物等的管理支持，融合于管理支持各业务域的活动当中。

9.2.3 质量管理系统（QMS）

如图 9-3 所示，左边是 Zemic_ZOS 平台；右下是平台提取的相关质量数据，包括质量目标、过程监控、运营数据等；右上是质量分析、业务功能、管理驾驶舱等。

1. 质量数据提取

提取质量目标、运营过程质量相关要素、过程监控结果数据，做过程质量动态跟踪、处理。

（1）质量目标

在 Zemic_ZOS 中，构建有质量模型/模板/要素管理功能，在具体做某型产品的开发时，可直接从该系列产品模板或同类产品要素表中继承与调整，并确定要素的定性或定量要求描述，形成质量目标。

第9章 数字化管理能力

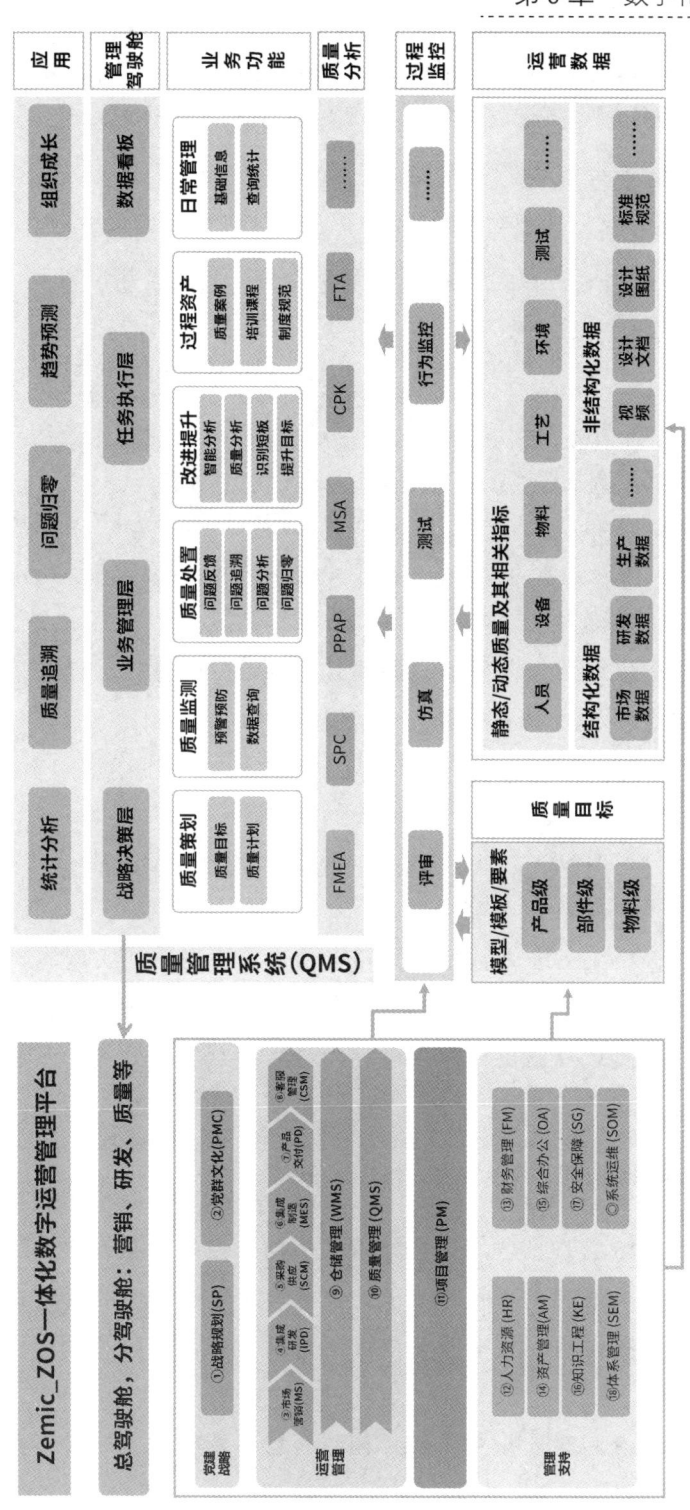

图 9-3 Zemic_ZOS.QMS 数字化质量管理系统框架

在采购、制造等阶段，针对物料、部件级的质量目标建立，与上述过程类同。

（2）过程数据

① 党建战略：战略层面的规划类数据、经营计划类数据。

② 运营管理：产品全生命周期运营数据，包括营销、研发、采供、仓储、制造、交付、客户服务等。

③ 管理支持：人、财、物等数据，综合办公、知识工程等也涉及质量管理。

（3）监控数据

质量监控活动，贯穿于产品全生命周期，因此需从全过程提取质量监控数据。

（4）质量指标

为便于质量统计与分析，需要建立起多维度质量指标体系，比如人、机、料、法、环、测就是其中一个常用维度。

2. 质量分析处理

质量分析工具众多，如 APQP、FMEA、SPC、PPAP、MSA、TQC、6S、六西格玛、精益管理等。

用质量分析工具去做数据统计与分析，从而发现相关问题，定位关键问题，及时处理和改进，并制定防范措施。采用来自 Zemic_ZOS 运营过程中提取的各种质量数据及指标，进行质量监测、质量处置、改进提升，并管理过程资产。

3. 管理驾驶舱

Zemic_ZOS 管理驾驶舱分为三层：战略决策层、业务管理层和任务执行层，在战略决策层发现问题、在业务管理层分析与追溯问题、在任务执行层操作与解决问题，其中任务执行层将以个人工作台的形式进行展示，如图 9-4 所示。

Zemic_ZOS 包含质量业务域，构建有管理驾驶舱。提取各业务域运营中的质量相关数据，将战略规划、经营计划类数据汇总计算成相关战略层指标，显示于战略决策层驾驶舱；运营过程数据查询、分析、统计、智能决策类功能，置于业务管理层驾驶舱；过程监控、处理类功能，置于任务执行层驾驶舱。

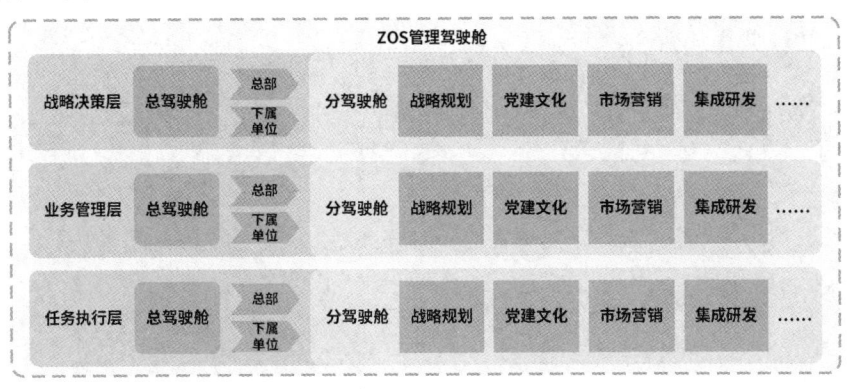

图 9-4　Zemic_ZOS 管理驾驶舱层级关系

4．小结

总之，质量管理活动贯穿于企业的整个运营过程，运营主价值链是质量管理活动的核心，但战略、管理支持活动仍然涉及众多的质量管理活动，因此应基于企业整体架构去开发质量管理系统（QMS），脱离企业数字化运营系统去做 QMS，便会成为无本之木、无源之水。

9.3　运营效率管理

企业运营效率影响因素众多，本节简单讨论通过管理自动化、智能制造、员工能力提升来实现效率提升。

9.3.1　提升管理自动化水平

Zemic_ZOS 数字化运营管理平台构建了 18 个业务域+企业智慧大脑/管理驾驶舱，支撑着企业整体业务的一体化高效运营。

（1）端到端流程贯通

如战略规划→计划→执行；线索获取→订单→交付→现金；等等。

做好全业务高阶流程图→业务域→流程组→流程，实现各起点到终点的贯通。

（2）业财一体

在全业务贯通的前提下，业财一体也就能自然实现，如订单→交付→财务；采购→入库→财务；库存→变动→财务；等等。

（3）业管一体

OA 办公管理业务域，主要支持领导层的各种管理活动，需要与其他各相关业务域数据实现互联互通：

业务活动→OA 查看、分析、会议、审批等；

OA 指令、计划、项目、流程等→业务活动。

（4）操作与计算高效

单一入口、多重出口；

数模传递、减少操作；

智能计算、辅助决策。

9.3.2 提升智能制造水平

将 Zemic_ZOS 平台与工业设计软件、制造执行系统、仓储物流系统、智能建筑系统等实施互联，实现企业内部整体互联互通，迈向数智工厂。

（1）推进自动化建设

首先做好产品统型管理，减少自动化难度及提高装备使用效能；其次做好工艺标准化的设计、验证，并使之适应自动化生产；最后逐步实施单机自动化、单元自动化、生产线自动化。

（2）推进数据深度应用

① 采集和处理生产加工中的各种数据，包括产品、设备、人员、环境等过程数据。

② 构建智能决策分析模型，如智能排产、成本管控、质量追溯等，辅助运营决策管理，逐步迈向智能制造。

③ 进一步挖掘数据服务价值，对客户服务、营销、质量等业务域收集到的外部信息进行深度分析和处理，提供企业决策支持。

（3）支持外部系统互联

① 实现上下级互联，支持企业集团化管理。

② 与上下游企业互联（供应商、客户），支持供应链数字化互联与集成管理。

（4）支持管理水平可持续提升

在基础设施建设的基础上，生产的信息流（Zemic_ZOS 中生产计划相关信息数据）、实物流（仓储物流系统）、控制流（制造执行系统）相互融合，共同构成生产有序、协调的运行局面，支撑生产经营的提质、增效、降本，且可持续迭代提升。

9.3.3 提升员工能力

为了进一步提高企业核心竞争力，企业对员工的培养显得尤为重要，尤其是系统性地开展培训工作，让员工的能力得到提升、思维意识得到进阶，为企业创新和发展提供人才保障和智力支持。

逻辑思维能力的提升，促进了员工学习能力的提升，有助于提升时间维、知识维的能力水平。

9.4 产品成本管理

9.4.1 瀑布分解法

对于企业非财务管理人员，应了解企业的成本构成与利润的计算，便于做好成本控制。落袋价格与利润瀑布分解法如图 9-5 所示。

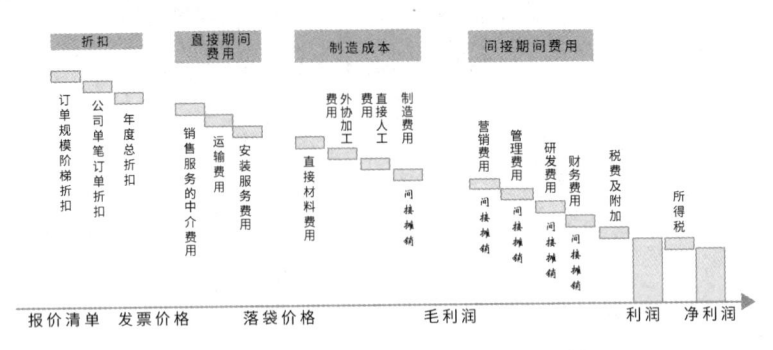

图 9-5　落袋价格与利润瀑布分解法

（1）折扣

企业会制定产品的销售价格，并依据客户的采购量给出阶梯价格，针对单笔合同也会给出折扣价格，对于部分长期客户还会制定年度总折扣。

（2）直接期间费用

含销售服务的中介费用、运输费用、安装服务费用等。

（3）制造成本

含直接材料费用、外协加工费用、直接人工费用、制造费用等。

（4）间接期间费用

含营销费用、管理费用、研发费用、财务费用等。

（5）税费及附加

增值税、消费税、城市维护建设税、城镇土地使用税、资源税和教育费附加等。实行新税制后，会计上规定应交增值税不再计入"主营业务税金及附加"项，在"应交增值税明细表"中单独反映。

（6）所得税

对于企业，应交企业所得税；对于个人，需交个人所得税。

9.4.2　产品成本计算

1．成本构成

产品的成本主要由直接期间费用、制造成本、间接期间费用及税费构成；依据其与具体产品产量的关联程度，又可分为固定成本与变动成本。

（1）固定成本

在特定时间和特定业务量范围内，其总量不受业务量变动的影响而能保持不变的成本。

（2）变动成本

总量随业务量的变化而呈固定比例变动的成本。

2．固定成本各项费用摊销比例估算

（1）收入比例摊销法——适合市场营销快速估算

若极端情况是设备外购经销，虽财务收入较高，但各种费率的摊销与自产水平很高的产品同等按收入额比例摊销显然不合理，因此需分类确定摊销比率 k_i。

$$k_i = 上年度\ i\ 类产品费用累计 \div 上年度总含税收入 \times 100\%$$

例如：$k_i = 500\ 万元 \div 10000\ 万元 \times 100\% = 5\%$，则

$$i\ 类产品费用摊销额 = 合同额 \times k_i$$

（2）工时费用摊销法——适合产品定价与财务成本核算

很多公司在内部成本核算时，各种费率摊销与产品加工工时挂钩，计算得到：

$$每工时费用（h_i）= 上年\ i\ 类产品费用累计 \div 上年度工时总额$$

例如：假如 10 人年费用累计 300 万元（年工时约 2 万小时），$h_i = 300$ 万元 ÷ 2 万小时 = 150 元/小时，则

$$i\ 类产品费用摊销额 = 产品的加工工时 \times h_i$$

3．产品定价决策收支平衡估算

例 1：年预算应用。

某公司预计全年含税收入为 1 亿元（产品 A 类为 5000 万元、B 类为 3000 万元、C 类为 2000 万元），总固定费用预计为 1500 万元（分摊到产品 A 类为 600 万元、B 类为 500 万元、C 类为 400 万元）。设 A 类单台产

品的变动成本为 0.6 万元，单价为 1 万元，则

$$A类产品年收支平衡销售量 = \frac{年固定成本}{单价-单台产品的变动成本} = \frac{600}{1-0.6}台 = 1500台$$

例 2：单个订单产品销售利润预估。

① 用上年固定费率做预测基础。某公司 A 类产品上年销售为 4000 万元，总固定费用分摊到 A 类产品为 400 万元，则固定费率为 10%。

② 当前拟预测订单量为 100 台，单价为 1 万元，变动成本为 0.6 万元，利润预测：

利润 = 销量 × [（单价 - 变动成本）- 单价 × 固定费率]

= 100 × [(1-0.6) - 1 × 10%] 万元 = 30 万元

9.4.3　成本控制

企业在生产过程中，对显性的变动成本控制普遍比较重视，而往往忽视隐性的固定成本控制。目前，在激烈的市场竞争环境下，普遍呈现出销售价格下行、材料成本难降、人工费用增加等趋势，控制可变成本较难，但通过提升企业经营管理水平，降低固定成本的空间较大，具体方法如下。

① 提高研发管理水平，降低研发费用与质量成本费用。

② 提高自动化水平，降低生产费用与质量成本费用。

③ 提升数字化运营管理水平，降低管理费用。

④ 提升"两金"管控与理财水平，降低财务费用。

⑤ 增强口碑效应，降低营销宣传费用。

⑥ 提升员工能力，增加人均产出。

9.5　持续迭代改进

进入数字化运营时代，数字化运营管理平台须支持管理成果的固化与运营体系的迭代改进，如图 9-6 所示。

第 9 章　数字化管理能力

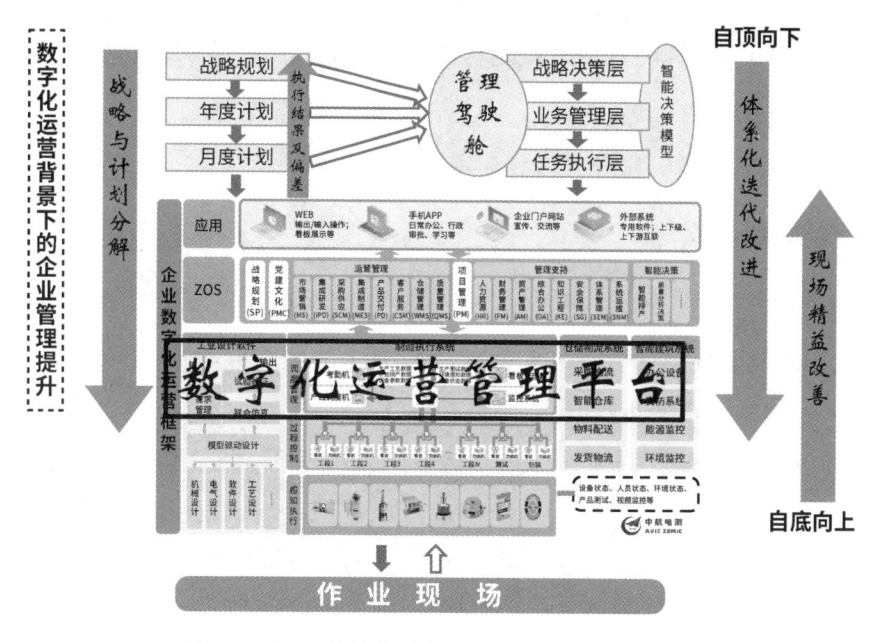

图 9-6　管理成果的固化与运营体系的迭代改进

1. 战略与计划分解

战略规划可分解为运营主价值链的业务规划、管理支持活动的职能规划，并结合上级部门要求分解与制订年度计划，再分解下达月度甚至周计划至各职能部门。企业战略的数字化管控如图 9-7 所示。

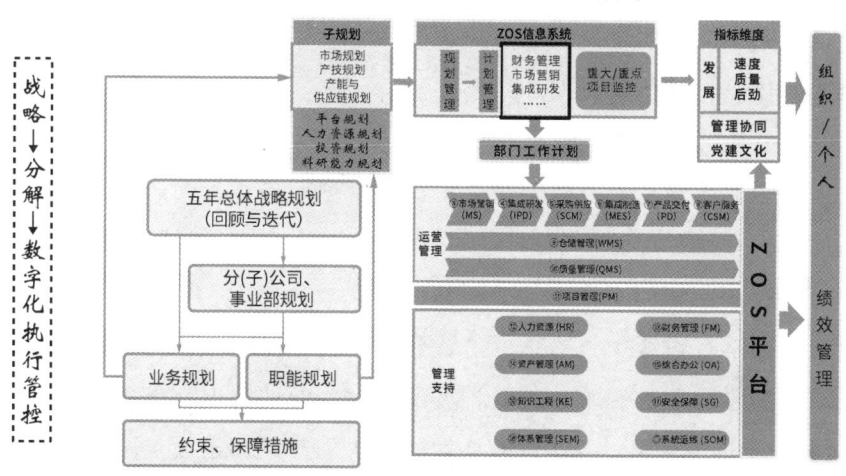

图 9-7　企业战略的数字化管控

以中航电测为例，总部级战略规划制定后，由各业务经营单位根据业务定位，对相关内容进行分解，不论是总部级战略规划，还是各经营单位级的战略规划，都由业务规划和职能规划组成。

2. 管理驾驶舱

管理驾驶舱分为战略决策层、业务管理层和任务执行层。

① 计划至规划的目标与实际运营数据之间的差异，可以从企业大脑/管理驾驶舱的战略决策层查看。

② 从业务管理层去分析、追溯问题产生的原因，逐步构建智能决策分析系统，辅助人工决策管理。

③ 在任务执行层，个人可自定义工作桌面并处理与解决问题。

3. 迭代优化

（1）体系化迭代改进

自顶向下的体系化建设与管理迭代改进，是优化企业管理体系与固化企业管理成果的基础，使我们今后在应用管理工具时不再是狗熊掰棒子，而是体系化且可持续的改进。

（2）现场精益改善

自底向上的点状发现问题与解决问题后，需要进一步完成管理归零，使其成为体系化迭代改进的补充。

（3）解决问题步骤

作为企业管理者，重要的是把握精益管理的核心思想，学会观察各业务域的指标并找到问题，然后运用合理的方法、步骤推进问题的解决。发现问题到解决问题的工作步骤如图9-8所示。

在企业运行过程中，对指标进行分析检查，发现企业运行过程中的问题，综合考量问题的影响、难易程度及现有资源的情况，排序筛选，确定优先级，作出分期规划；针对需要优先解决的瓶颈问题设定改进目标，拟定改进措施，确定工作范围；按PDCA步骤实施改进；检查体系是否存在漏洞或缺项，优化体系，达到解决一个问题、规范一类问题的目的。

在分析与解决问题的过程中，应综合运用5Why、5W2H、树状图、决策矩阵、鱼骨图法等结构化工具，不重不漏地去开展工作，提高工作效率和质量。

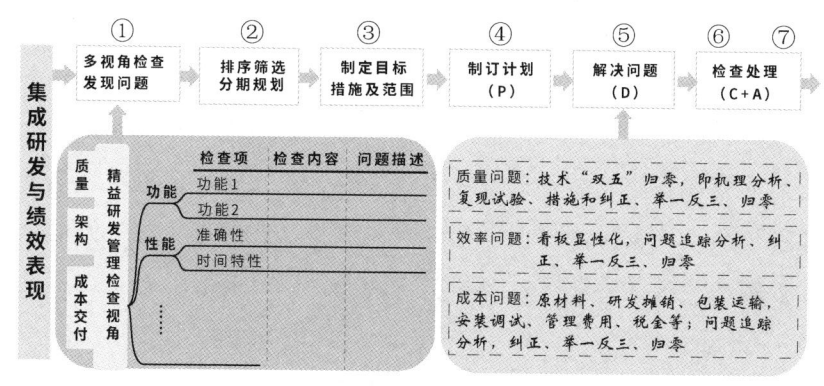

图 9-8　发现问题到解决问题的工作步骤

第10章 训练课程与数字化运营支持

企业根据战略发展需要，依托高绩效员工的隐性知识开发出适合企业员工特点的培训课程，在较短时间内将隐性知识显性化，这样就会形成企业的课程体系。依据霍尔模型，通过对时间维、逻辑维、知识维的分析，结合绩效考核及胜任力测评，寻找员工能力差距并开展针对性训练，以此提升员工履职综合能力。

本章以研发人员、营销人员和人力资源管理人员的课程开发为例，梳理员工分层分类的培训内容，搭建员工训练课程体系。其他人员的训练课程体系可参照建立。

10.1 课程体系构建

10.1.1 分层分类原则

企业员工的入职阶段、所属系列、所学专业、任职岗位/角色和所处层级等不同，所需掌握的知识和技能应有所区别，培训培养的重点和内容也各有侧重，为了体现培训的精准性，需对企业员工进行层级和类别的划分，进而构建员工分层分类的培训培养体系。

1. 分层

（1）针对工程技术、管理、营销系列的员工

主要依据职级进行分层，可分为初级（8～9级）、中级（10级）、中高

级（11级）、高级（12级及以上）等。

（2）针对领导干部和干部梯队

主要依据职级和职务进行分层，可分为基层管理者（10～11级）、中层干部（11～12级）、中高层领导（12～14级）、高层领导（14级以上）等。

（3）针对技能系列人员

主要依据职级进行分层，可分为初级工、中级工、高级工、技师、高级技师和技能专家等。

2．分类

根据员工履行岗位核心职责内容，按系列可分为工程技术、管理、营销、干部和技能系列。以工程技术系列为例，还可划分为技术研究、产品开发和技术支持。当然，还可以按照从事的具体工作内容划分为各类角色。

10.1.2 课程设置

按照员工的分层分类情况，设置培训课程体系，同时需要考虑适用性。

（1）对培训需求、培训内容和培训对象进行分析，明确培训目的，设立培训目标。

（2）将培训目标与培训现状进行比较并寻找差距，对照差距制定培训课程设置策略，形成相应人员类别或群体的课程体系框架，按照模块化课程设置原则进行课程开发。

（3）对相关人员实施培训，并依据培训效果对课程进行优化，动态管理课程设置，增强课程的适用性。

课程体系构建示意图如图10-1所示。

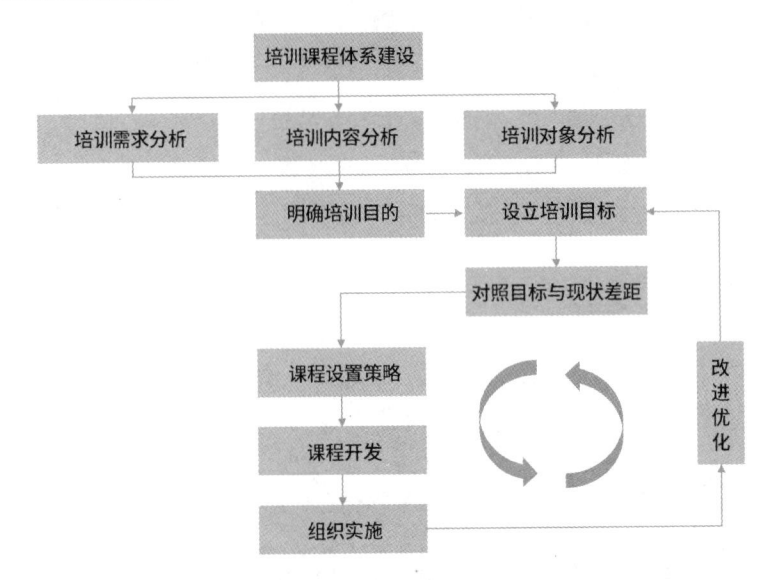

图 10-1　课程体系构建示意图

10.1.3　课程实施

1. 形式

企业对员工实施培训，根据培训主体和资源配置的不同，可分为内部、外部培训和线下、线上培训等，合理运用或组合不同的培训形式，尽可能提高课程的针对性和适用性。

(1) 内部、外部培训

① 内部培训：是依据员工岗位/角色的核心职责，结合人员的短板和弱势项，由企业或企业内部各单位提出培训需求，并自行组织培训的一种培训形式。内部培训的针对性较强，培训的内容与实际工作的结合度较高。

② 外部培训：是基于企业内部各类体系建设、检查认证等要求，梳理出应知应会内容和培训需求，选派员工参加由外部单位组织培训的一种培训形式。外部培训的内容较为丰富，理论知识及专业性均较强。

(2) 线下、线上培训

① 线下培训：主要包括现场课堂教学、案例研讨及实操训练等，培训

的互动性较强。

② 线上培训：依托中航电测 Zemic_ZOS"知识工程"进行，主要包括线上学习、线上考试等，同时包含外部网络学习资源的获取及应用，培训的便捷性较强。

2．学训结合

企业组织的培训多以理论学习为主，与实践结合得不够紧密，培训效果不明显。在对员工培训效果进行评估时，应该注重理论学习与实践训练紧密结合。培训效果评估可分为考试和实训。

（1）学习加考试

对于仅需了解的课程，如非财务人员学习财务管理基础、非技术人员学习拓宽技术视野等课程，可采用考试的形式。

（2）学习加实训

对于需要理解、掌握的课程，如逻辑思维、项目管理、企业管理等，作为员工履职的应知应会内容，需要结合工作岗位进行案例实训；案例均来源于岗位核心职责和重点工作任务，通过员工分析实际工作中存在的问题，提出解决方案，经过分组讨论，再集中由导师团队做指导点评，形成改进措施；对于典型问题，可转化为项目立项推进，形成管理创新成果，以达到学、训、用结合的目的。

3．交流平台

把典型实训作业和由此形成的管理创新成果，在科技质量大会、营销大会及内部各种交流活动中展示和分享，增强学员的荣誉感，加深学员的理解，促进团队共同成长。

10.2 通用训练课程

全体在职员工通用类训练课程包括职场逻辑思维、项目管理、拓展技术视野、复盘等,对新入职员工还应增加入职教育类课程。

1. 逻辑训练

(1) 逻辑初级训练

目的:训练快速、精准表达和发现问题与解决问题的能力。

对象:全体研发部门人员。

方式:业余学习训练为主,时长4个月,每月1次。

课程:逻辑初级训练课程,如表10-1所示。

表 10-1 逻辑初级训练课程

序号	训练内容		日期
1	启动	逻辑概论	
	逻辑思维1 五步训练法:快速表达(上) 论点→结论→理由→行动	第1讲 快速表达	
		训练:金字塔原理快速表达	
2	逻辑思维2 五步训练法:精准表达(中) 连接理由和结论、MECE原则	第2讲 精准表达	
		训练:符合MECE原则的精准表达	
3	逻辑思维3 五步训练法:解决问题(下) 树状图做分析,矩形图做决策	第3讲 发现问题与解决问题	
		训练1:发现问题与解决问题的PPT编写与讲解	
4		训练2:Word报告编写与讲解	

(2) 逻辑中级训练

目的:训练评审、分析总结与表达能力。

对象:全体研发部门人员,要求通过逻辑初级训练。

方式:业余学习训练为主,时长4个月,每月1次。

课程:逻辑中级训练课程,如表10-2所示。

表 10-2 逻辑中级训练课程

序号	训练内容		日期
1	逻辑思维4 结构化思维与批判性思维, 训练写报告及评审能力	第4讲 结构化思维与批判性思维 ——锻造火眼金睛	
		训练:学做评审专家	

续表

序　号	训　练　内　容		日　　期
2	逻辑思维 5 训练归纳与演绎、分类与比较、分析与综合、抽象与概括能力	第 5 讲　逻辑思维与方法	
2	逻辑思维 5 训练归纳与演绎、分类与比较、分析与综合、抽象与概括能力	训练：常见逻辑问题分类总结	
3	逻辑思维 6 职场沟通与讲解，训练沟通、汇报、讲解能力	第 6 讲　职场沟通与讲解——善于表达	
3	逻辑思维 6 职场沟通与讲解，训练沟通、汇报、讲解能力	训练 1：面向不同对象与场景的沟通、汇报、讲解	
4	逻辑思维 6 职场沟通与讲解，训练沟通、汇报、讲解能力	训练 2：运用讲解技巧	

（3）逻辑高级训练

目的：训练创新与系统思维能力，由"点→线→面"思维进阶到"立体/多维→系统"思维的能力。

对象：要求通过逻辑中级、项目管理训练的中层及以上干部。

方式：业余学习训练为主，时长 6 个月，每月 1 次。

课程：逻辑高级训练课程，如表 10-3 所示。

表 10-3　逻辑高级训练课程

序　号	训　练　内　容		日　　期
1	逻辑思维 7 创新思维与发展变革，训练创新思维、管理变革与产品发展的能力	第 7 讲　创新思维与发展变革——面向未来	
1	逻辑思维 7 创新思维与发展变革，训练创新思维、管理变革与产品发展的能力	训练：创新思维与案例	
2	逻辑思维 8 系统思维与企业管理，训练复杂系统问题的分析处理能力	第 8 讲　系统思维与企业管理	
2	逻辑思维 8 系统思维与企业管理，训练复杂系统问题的分析处理能力	训练 1：基础练习——学会绘制环路图	
3	逻辑思维 8 系统思维与企业管理，训练复杂系统问题的分析处理能力	训练 2：复杂思考 1——发现、分析问题	
4	逻辑思维 8 系统思维与企业管理，训练复杂系统问题的分析处理能力	训练 3：复杂思考 2——解决问题	
5	逻辑思维 8 系统思维与企业管理，训练复杂系统问题的分析处理能力	训练 4：复杂思考 3——修改完善	
6	企业领导力	课程：企业领导力思考	
6	企业领导力	训练：发现领导力问题到解决问题案例	

2．项目管理训练

目的：训练时间维管控执行能力。

对象：通过逻辑初级训练的产品经理、项目经理、项目管理员、中层及以上干部。

方式：业余学习训练为主，时长 4 个月，每月 1 次。

课程：项目管理训练课程，如表 10-4 所示。

表 10-4 项目管理训练课程

序　号	训 练 内 容		日　　期
1	理论学习	课程：项目管理课程（上、中、下）	
		训练：做初案	
2	练习题及理论考试	训练：做练习题、通过理论考试	
3	质量/缺陷/风险等管理要素识别与梳理训练	课程：质量/缺陷/风险模型构建 质量控制：评审与测试	
		训练：相关管理要素梳理与模型构建	
4	项目管理案例实训	训练 1：改进完善案例	
		训练 2：ZOS 上机操作	

3．拓宽技术视野

目的：拓展知识面，便于多技术协同研发管理。

对象：产品经理、架构师、项目经理、项目管理员、测试人员、中层及以上干部。

方式：业余学习训练为主，时长 2 个月。

听视频课，通过理论考试，按分类划定最低通过分数。

内容：常用专业技术、传感器与信号采集处理技术、控制技术、智能化与 VR 技术、系统集成技术等。

4．总结到复盘

目的：回顾总结、提炼规律、自我驱动、改进提升。

第10章 训练课程与数字化运营支持

对象：全体研发人员。

方式：业余学习训练为主，时长1个月。

复盘步骤：回顾目标、结果比对、叙述过程、分析原因、推演规律、改进提升、复盘归档。

10.3 研发团队训练课程

对于研发人员，在完成逻辑初级、逻辑中级、项目管理及部分企管初级课程的学习后，应向技术领域专家方向发展，如图10-2所示。

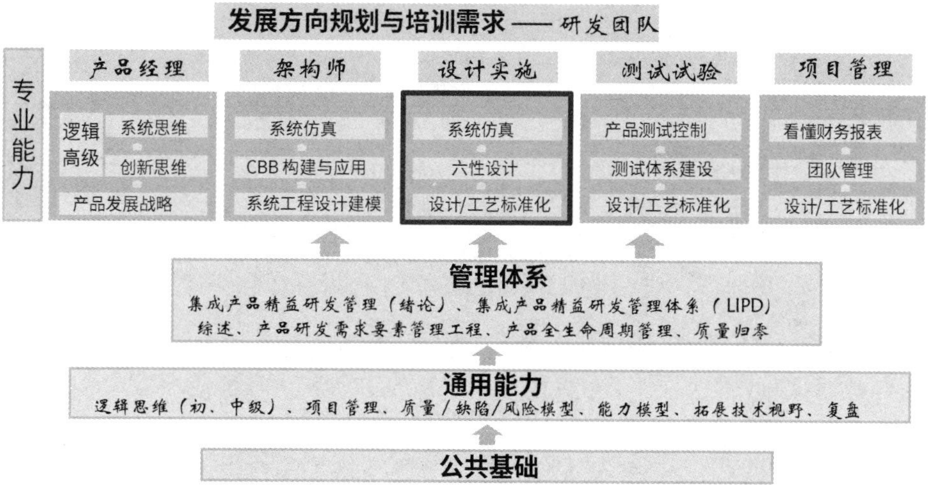

图 10-2 研发团队能力训练

1. 产品经理团队

目的：训练产品经理产品发展规划制定与立项推动能力。

方式：业余学习训练为主，时长6个月，每月1次。

课程：产品经理团队训练课程，如表10-5所示。

表 10-5　产品经理团队训练课程

序　号	训　练　内　容	日　期
1	课程：产品发展战略规划	
	训练1：市场分析；迭代产品发展战略规划报告	
2	课程：创新思维与发展变革	
	训练2：迭代产品发展战略规划报告	
3	课程：系统思维与产品发展	
	训练3：学习绘制系统思考回路图	
4	训练4：系统思考产品发展机会、迭代产品发展战略规划报告	
5	课程：需求工程	
	训练5：涉众需求分析	
6	课程：立项推动	
	训练6：立项报告（自研新产品、定制、改进改型、技术预研）	

2．产品架构团队

目的：训练产品架构师产品架构能力，CBB 构建与应用能力。

方式：业余学习训练为主，时长 7 个月，每月 1 次。

课程：产品架构团队训练课程，如表 10-6 所示。

表 10-6　产品架构团队训练课程

序　号	训　练　内　容	日　期
1	课程：产品需求工程	
	训练1：涉众需求分析	
2	课程：CBB 构建与应用	
	训练2：做 CBB 规划，创建一项 CBB，通过评审后上传至 ZOS 平台	
3	课程：研发质量测试控制管理	
	训练3：参与一项产品测试过程，讲解测试过程逻辑关系	
4	课程：产品研发系统工程设计建模与实践（架构）	
	训练4：提交一份概要设计报告，并通过评审	
5	课程：系统思维	
	训练5：学习绘制系统思考回路图	
6	训练6：系统思考复杂架构层次与因果关系	

续表

序号	训练内容	日期
7	课程：机械运动仿真，电气仿真，软件详细设计 训练 7：机械、电子类专业建立模型，并学做仿真；软件专业提交一份详细设计报告，并通过评审	

3．产品测试团队

目的：训练产品测试工程师的测试体系建设与测试控制能力。

方式：业余学习训练为主，时长 6 个月，每月 1 次。

课程：产品测试团队训练课程，如表 10-7 所示。

表 10-7　产品测试团队训练课程

序号	训练内容	日期
1	课程：产品需求工程	
	训练 1：选择一类产品构建：质量/缺陷库	
2	训练 2：①选择一类产品构建：质量/缺陷模板，建立关联关系；②选择一款产品构建：质量/要素表	
3	课程：研发质量测试控制管理	
	训练 3：选择一款产品，按质量/要素表做测试控制直至收尾（可根据实际项目进展情况跟进，起止时间随项目调整）	
4	训练 4：构建测试体系框架	
5	课程：标准化管理基础	
	训练 5：检验/测试规范的规划；至少编制一项检验/测试规范	
6	训练 6：测试结果分析、样机测试报告编写与评审（具体时间随项目调整）	

4．项目管理团队

目的：在 PMP 项目管理学习的基础上，强化训练提升项目管理经理、项目管理员的项目管理能力。

方式：业余学习训练为主，时长 6 个月，每月 1 次。

课程：研发项目管理团队训练课程，如表 10-8 所示。

表 10-8 研发项目管理团队训练课程

序 号	训 练 内 容	日 期
1	课程：产品需求工程	
	训练1：选择一类产品构建：质量/缺陷库，或模板	
2	课程：CBB 构建与应用、WBS 分解	
	训练2：做 WBS 分解与工作量估算 CBB 规划，并至少创建一项工作量定额表	
3	课程：团队管理思维与方法	
	训练3：发现管理问题到解决问题案例	
4	课程：财务管理基础	
	训练4：看懂财务报表	
5	课程：标准化管理基础	
	训练5：选择编制或修订一项规范，或修订研发体系文件	
6	课程：总结到复盘	
	训练6：结合实际工作做复盘案例	

5．技术评审团队

目的：训练评审专家的各阶段技术评审能力。

方式：通过逻辑初级与中级训练，理解报告的逻辑结构框架，训练结构化思维；通过项目管理训练，理解项目管理思想及管控要素；逻辑中级训练课程第 4 讲（参见表 10-2）中有关训练评审能力的专项内容。

10.4 营销团队训练课程

营销人员是企业与客户之间沟通的桥梁，是企业价值链的前端，按照营销人员的岗位职责可设置为销售经理、销售工程师和产品经理等。营销人员在完成公共基础训练和通用能力训练的基础上，可以按照员工的类别进行专业能力训练。

1. 培训需求框架

营销人员的训练内容侧重于对产品市场的研究与判断、营销策略以及销售技巧的掌握与运用、产品特点的熟悉与产品选型的了解等；基于营销人员的岗位职责，从各类人员的能力需求分析，确定营销人员的训练内容和课程。营销团队训练课程需求示意图如图10-3所示。

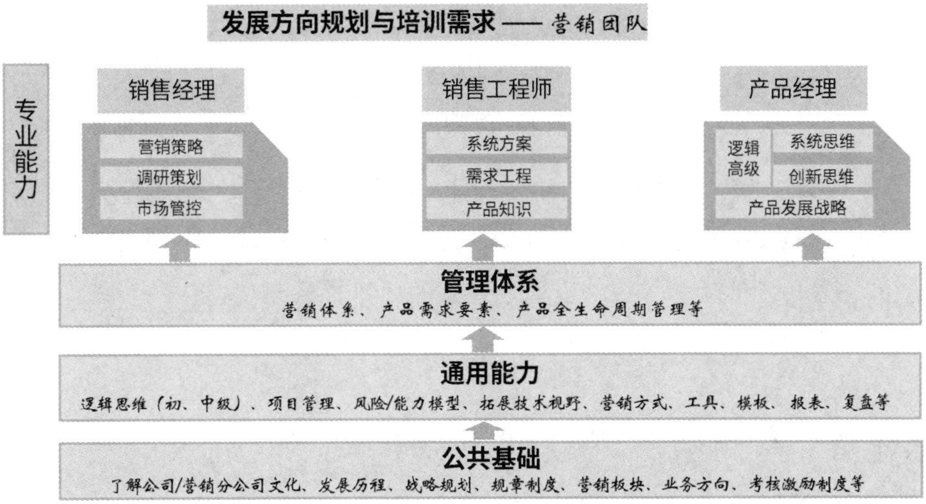

发展方向规划与培训需求——营销团队

专业能力	销售经理	销售工程师	产品经理
	营销策略	系统方案	逻辑高级：系统思维
	调研策划	需求工程	创新思维
	市场管控	产品知识	产品发展战略

管理体系
营销体系、产品需求要素、产品全生命周期管理等

通用能力
逻辑思维（初、中级）、项目管理、风险/能力模型、拓展技术视野、营销方式、工具、模板、报表、复盘等

公共基础
了解公司/营销分公司文化、发展历程、战略规划、规章制度、营销板块、业务方向、考核激励制度等

图10-3 营销团队训练课程需求示意图

对新入职营销员工，除公共基础等入职培训课程外，还应结合营销岗位特点，进行产品基础知识的培训和营销知识与技巧的培训，可分为营销基础培训和岗位实训，其中营销基础培训课程是所有新入职营销人员均需掌握的内容（如营销基本技能与知识、产品基础知识、产品基本指标及选型等）。

2. 专业能力培训

（1）销售经理（业务员、销售代表、区域经理）

销售经理是指在一定的经营环境中，采用适当的方法和技巧，调研市场，宣传企业产品和品牌，引导客户购买产品或服务，实现销售目标的人员。专业能力培训课程主要包括营销策略、调研策划、市场管控等。

（2）销售（市场开发）工程师

销售工程师是指运用相关技术与产品知识，发掘与掌握客户需求，进行产品策划及方案设计，向营销人员提供产品方案、技术支持和服务的人员。专业能力培训课程主要包括系统方案、需求工程、产品知识等。

（3）产品经理

产品经理是指调查分析行业和客户需求，策划制定产品策略和组合方案，开展产品全生命周期管理，注重提升产品竞争力、促进产品发展的人员。专业能力培训课程主要包括产品发展战略、创新思维、系统思维等。

产品经理是一个团队，设立在营销部的产品经理在产品研发过程中重点关注上游的需求获取与立项推动、下游的上市推广活动。不同经营单位产品经理角色的设置方法会有差别，但整个产品经理团队应该有统一的组织机构来实施管理。

10.5 人力资源团队训练课程

企业运转需要职能部门的有效衔接和职能管理人员的高效履职。以人力资源管理为例，通常企业人力资源管理部门通过人力资源规划、招聘与配置、培训与开发、薪酬管理、绩效管理和员工关系管理等管理手段，为企业实现发展战略提供强有力的人力资源保障和支撑。

1. 培训需求框架

人力资源管理职能的职责块构成相对清晰，如绩效管理、薪酬管理等，不同规模的企业会设置不同的岗位，分别负责人力资源某一个或某几个职责块的正常运行，员工履行岗位职责的前提就是对相应职责块的理解和掌握。

对职能管理类员工的培训可分为专业培训和岗位培养，专业培训以理论知识学习为主，岗位培养注重实践锻炼。人力资源团队专业培训课程需求示意图如图 10-4 所示。

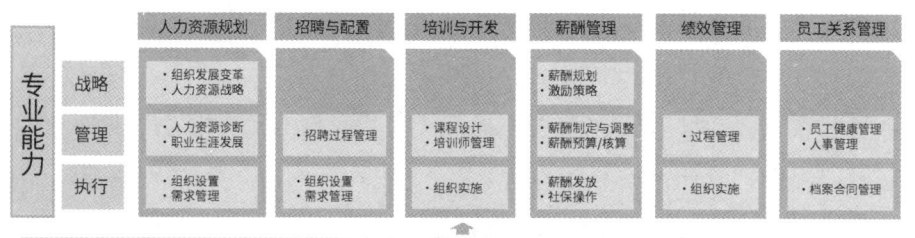

图 10-4　人力资源团队培训课程需求示意图

专业培训按照岗位职责、管理幅度及难度等内容，分为战略层、管理层和执行层。

（1）战略层

人力资源管理专家或负责人，策划企业人力资源规划、制定人力资源管理战略、形成人力资源管理政策所需掌握的内容。

（2）管理层

人力资源主管人员，管理相应人力资源管理模块所需掌握的内容。

（3）执行层

人力资源岗位从业者，履行岗位职责所需掌握的专业知识或技能。

2．专业能力培训

对人力资源管理人员进行专业训练，根据所处层级不同，在执行层应注重专业基础培训，在管理层和战略层应注重专业技能培训。以绩效管理岗位为例，专业能力培训的具体课程如下。

（1）专业基础培训

主要课程包括绩效管理流程与方法、人力资源管理关联关系与良性循环、绩效管理能力提升等。

（2）专业技能训练

主要课程包括绩效管理改进与提升、人才发展与绩效激励、团队性格状态测评分析、量化考核与管理等。

（3）岗位培养

岗位培养是指依据员工岗位职责，明确其岗位工作内容和操作细节，梳理工作流程和模板表单，识别岗位的风险点，让员工在实践锻炼中成长提升。通过对岗位工作内容进行标准化管理，梳理形成岗位从业者的应知应会技能。

以绩效管理岗位为例，其岗位培养课程主要包括绩效目标管理、绩效过程管理、年度绩效考核评价、绩效结果反馈等。

10.6 数字化运营支持

本节主要介绍人力资源模块（Zemic_ZOS.HR）、知识工程模块（Zemic_ZOS.KE）是如何支撑员工成长管理体系运营的。

10.6.1 迈向数字化管理

在战略上明确了企业经营目标与范围后，需要用数字化运营管理平台去支撑战略牵引下的企业管理水平提升：提升产品与企业运营质量、提升企业内部运营效率、降低企业运营成本、改善产品交付能力与服务水平等，支持企业的持续管理提升。

1. 支持企业内一体化运营管理

如果希望数字化平台未来能支持企业全业务域一体化运营，逐步走向自动化、智能化运营管理,首先要参照航空工业 AOS、装备发展及国防科工部门 NQMS 体系,梳理和分析企业运营的全业务、划分业务域、构建高阶流程全景图及其背后的流程框架,然后进一步构建起企业架构,再展开数字化运营管理平台的设计与开发,最终实现企业数字化运营管理的目标。中航电测 Zemic_ZOS 一体化数字运营管理平台的业务域划分如图 10-5 所示。

图 10-5　中航电测 Zemic_ZOS 一体化数字运营管理平台的业务域划分

2．支撑智能制造

将运营管理平台与工业设计软件、制造执行系统、仓储物流系统、智能建筑系统等实施互联,构成企业内部物联网;再与外部上下级互联支持集团化管理、上下游互联(供应商、客户)支持集成供应链管理,形成支持多企业间互联的工业互联网平台;采集处理各种数据,构建智能决策分析模型,逐步迈向智能制造。

3．支持集团级战略与计划管控

大型的企业集团,由若干层级的板块构成,板块下层是独立经营的法人企业，自上而下地下达年度经营目标任务；独立经营企业也有自己的战略规划目标，并结合上级要求分解为年度计划、月度计划至各职能部门；企业在数字化运营管理平台支撑下开展各项经营管理活动，其数据经处理统计需逐级上传，用于经营过程的决策和管控。

10.6.2 人力资源模块简介

人力资源模块（Zemic_ZOS.HR）按照"人力资源规划→人员招聘→培训培养→绩效管理→薪酬福利"管理流程运行。

1. 功能与特点

Zemic_ZOS.HR 主要包括人力资源规划、人员招聘、培训培养、绩效管理、薪酬福利、劳动关系、人事管理、干部管理、测评管理等 9 部分。人才资源功能框架图如图 10-6 所示。

图 10-6　人力资源功能框架图

人力资源模块的主要特点如下：

（1）建立基于战略发展的有计划的人力资源管理模式。

（2）支持企业战略实现的组织能力贯穿到人力资源管理中。

（3）与其他业务域关联获取绩效管理的数据支撑。

（4）实现员工在企业中全成长周期的管理。

2．管理流程

人力资源管理主流程图如图 10-7 所示。

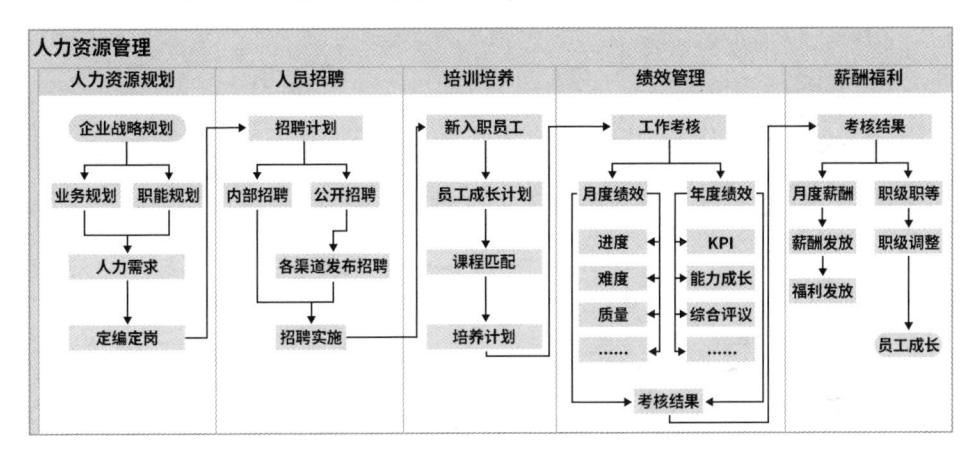

图 10-7　人力资源管理主流程图

（1）人力资源规划

企业在进行人员招聘前，首先需要根据自身的战略规划分解业务与职能规划，再根据规划来分析需要什么能力的人、需要招聘多少人，统筹人力资源规划后再进行定编定岗。

（2）人员招聘

在明确招聘计划后，分析招聘方式是公司内部招聘还是社会公开招聘。如果是社会公开招聘，为了能够招聘到更合适的人员，需拓展多渠道进行招聘信息发布，以确保最终招聘到满足需求的人员。

(3) 培训培养

员工入职以后需要进行相应的培训，除企业基本规章制度和企业文化的培训以外，还会涉及专业技能的培训，特别是应届毕业生，更需要进行系统全面的专业培训，这样才能够更好地满足岗位需求。同时也需要针对每位员工制订适合其发展的培养计划。

(4) 绩效管理

员工培训完成进入正式岗位后，其工作能力如何，是否能够胜任，需要通过每个月的月度绩效进行阶段性的考核，然后通过年度绩效进行成长性考核，最终形成考核结果。

(5) 薪酬福利

考核结果将通过薪酬福利来体现，月度考核体现在月度绩效工资或者项目奖励中，而年度考核则体现在年度的职级调整和年终奖的发放中。

3．驾驶舱

对积累的数据资产，系统通过可视化组件、交互式看板、自定义配置，从多维度、多视角进行数据分析和展示，帮助企业管理者充分了解和有效利用企业现有人力资源，实现企业人力资源的合理配置。驾驶舱可整体展示人力资源业务域基本数据及主要指标分析情况，如员工基本信息及结构、员工变动分析、员工薪酬分析、员工学习情况等。

4．绩效管理功能举例

在进行绩效评价时，需要制定相应的绩效指标，可以按照"绩效指标→绩效模型→绩效计算"流程，在系统中根据各部门/单位的管理要求进行绩效模型的自定义。

(1) 绩效指标

通用指标和绩效分类设置示意图如图10-8所示。

第10章 训练课程与数字化运营支持

通用指标			绩效分类		
序号	绩效指标	指标级别	序号	模板名称	模板分制
1	个人销售目标完成率	一级指标	1	智能装备分公司质量安全室绩效考核模板	100
2	区域销售目标完成率	一级指标	2	国际贸易部区域主任考核模板	100
3	个人月度累计销售目标完成率	一级指标	3	国际贸易部销售经理考核模板	100
4	区域月度累计销售目标完成率	一级指标	4	国内销售部区域主任考核模板	100
5	个人月销售目标完成率	二级指标	5	国内销售部销售经理考核模板	100
6	区域月销售目标完成率	二级指标	6	总部管理人员月度绩效考核模板	100
7	区域累计销售目标完成率	二级指标	7	信息技术事业部2021年月度绩效考核模板	100
8	个人累计销售目标完成率	二级指标	8	智能装备分公司生产制造部绩效考核模板	100
9	区域月销售收入完成率	元指标	9	智能装备分公司客户服务部绩效考核模板	100
10	区域月发货完成率	元指标	10	智能装备分公司综合管理部绩效考核模板	100
11	区域月回款完成率	元指标	11	智能装备分公司研发部绩效考核模板	100
12	个人月销售收入完成率	元指标	12	管理系列绩效考核模板	100

图 10-8 通用指标和绩效分类设置示意图

（2）绩效模型

绩效模型配置界面图如图 10-9 所示。

图 10-9 绩效模型配置界面图

（3）绩效计算

当绩效模型确定后，可以根据员工所在岗位、职级序列，从不同的业务域中获取绩效指标，按照公式计算出绩效工资，如图 10-10 所示。

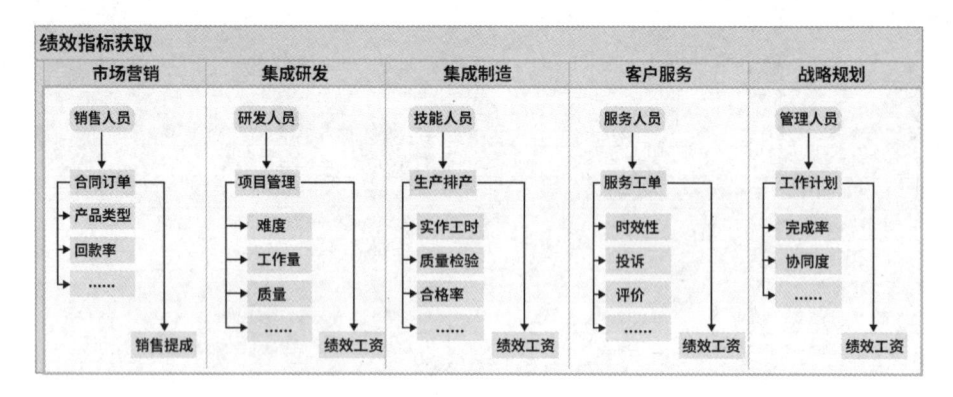

图 10-10　绩效指标获取图

10.6.3　知识工程模块简介

1．模块功能

在企业运营过程中，知识的积累非常重要，如果能够有效地将各类知识收集汇总，将是企业一笔宝贵的资产。知识工程模块（Zemic_ZOS.KE）从知识获取、知识表达和知识应用三个层面来建立知识工程体系。知识工程功能框架图如图 10-11 所示。

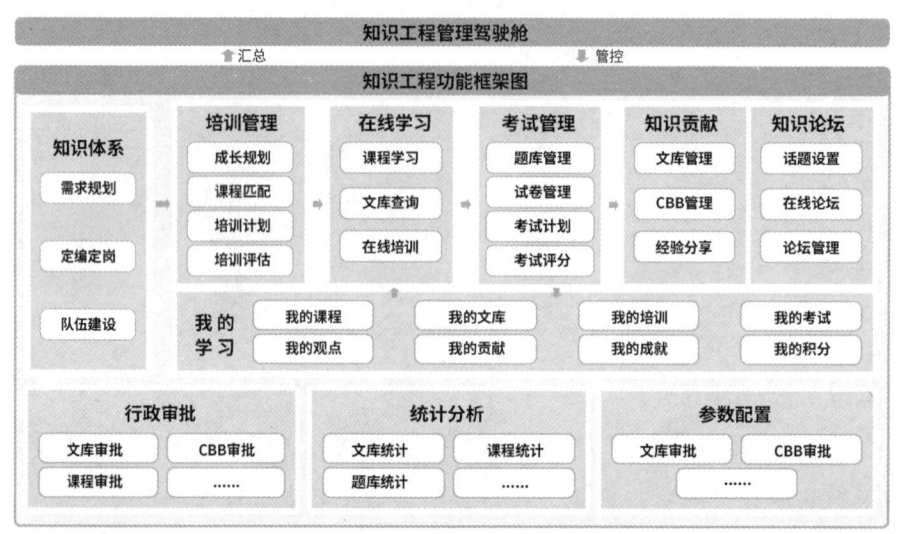

图 10-11　知识工程功能框架图

Zemic_ZOS.KE 实现从知识体系搭建→培训管理→在线学习→考试管理→交流全过程管理及应用，为企业建立学习型组织奠定基础。

（1）知识体系

搭建以知识文库、师资建设、课程管理为主线的体系框架，帮助企业将分散的知识资产分门别类地进行统一存储及管理，方便不同岗位/角色、职级的员工共享与使用。

（2）培训管理

以培训需求为导向，根据培训对象的岗位/角色、职级不同进行成长规划、课程匹配，制定培训计划，组织培训，并通过课程评估、技能评估等多种方式对培训效果进行综合评估。

（3）在线学习

根据培训计划，实现不同岗位/角色、职级的员工自动匹配，获取对应岗位的必修课程，可进行在线培训。

（4）考试管理

系统支持题库管理，可灵活设置试卷、在线考试、自动统计考试结果，节约了成本，提高了效率。

（5）知识贡献

将组织过程中形成的文库、经验教训、CBB 进行记录共享，产生知识库，供其他员工参考。

（6）知识论坛

搭建员工技术交流平台，员工可就技术、培训心得与产品技术等内容发起讨论、交流，吸取知识和经验，增进员工交流。

（7）我的学习

实现员工学习过程中课程、文库、培训、考试、观点、贡献、成就、积分等信息的查看。

下面选择"知识体系""在线学习""CBB 管理"等功能进行详细介绍。

2. 知识体系

企业可结合自身实际情况进行知识文库的框架搭建,如中航电测就是从公共基础、通用能力、企业管理、专业知识、市场信息、项目专项、分享平台、共享平台等方面进行搭建的。

知识体系界面如图 10-12 所示。

图 10-12　知识体系界面

3. 在线学习

当知识体系建立好后,人力资源部门制订培训计划,根据不同任职系列及岗位匹配相应的课程知识,员工按计划在线学习并通过相应考试。在线学习界面如图 10-13 所示。

4. CBB 管理

CBB(Common Building Block,公用构建模块)指那些可以在不同产品、系统之间共用的零部件、模块、技术及其他相关的设计成果,可以分为技术货架和产品货架。

图 10-13　在线学习界面

Zemic_ZOS.KE 实现对 CBB 的管理，提升 CBB 复用率，促进研发协同高效开展。研发人员对项目中可重复使用的资源加以提炼，整理形成 CBB 上传到系统中，经相关人员审批通过后归入 CBB 库，其他研发人员就可以使用了。

系统对 CBB 建设和使用过程进行记录，统计展示 CBB 库分布、下载、引用、评分等情况。

（1）系统统计共享技术、产品架构、模块/组件、基础单元等各类 CBB 数量、月度新增或下架情况，支持管理者精准监控 CBB 平台建设进度。

（2）通过可视化图表展示各类 CBB 分布占比情况，辅助分析 CBB 产品货架、技术货架完整度，指导 CBB 建设。

（3）将 CBB 下载、引用、评分情况进行排名，展示下载、引用对比情况，统计分析 CBB 复用率及复用效果，评估其对协同研发的贡献度，并对优秀贡献者及复用者进行奖励，激励研发人员重视 CBB 的提炼及复用，提高研发质量和效率。

后 记

逻辑为基、能力为本。职场逻辑思维能力训练，是提升时间维项目管理能力、知识维学习能力的基础；员工只有具备了与所在岗位相适应的能力，才能运用工具去解决问题；员工的能力是企业发展的基石，当员工能力无法支撑岗位要求时，引进再好的管理方法都无济于事。

许多企业面临人才断层明显、选人用人困难的难题，需要建立职级体系，打开成长通道；构建能力评价模型，对照角色差距，拟定员工学习成长计划；打造知识工程，信息平台助力，提供学习考核的平台；逻辑为基牵引，通过思维能力的训练提升独立思考与工作能力，促"形"向"神"转变；跟进绩效管理，建立绩效、职级、薪酬联动机制，体现贡献为本，调动工作积极性；在学习中成长，在成长中拉开能力差距，能力差距转变为相互追逐的动力，良性竞争再促进员工加速成长；学习型组织氛围形成，主动学习成风尚、学习成长中雁形梯队渐渐成形；有了人才储备，有了可用之才，才能形成优胜劣汰的局面（见下图）。

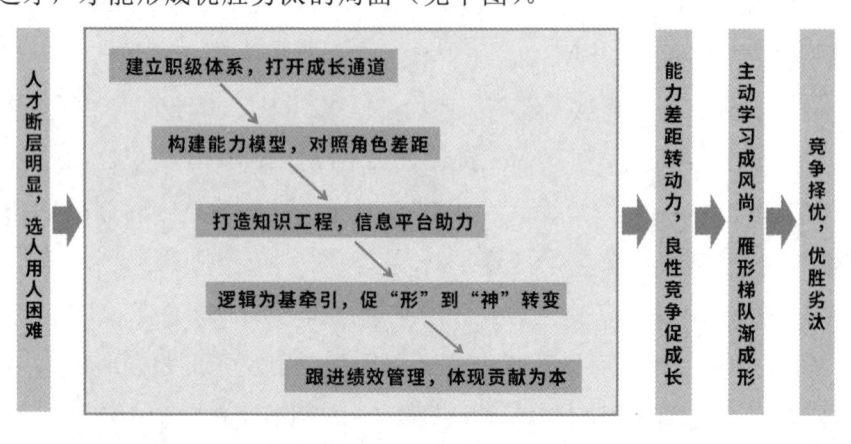

人才培养的历程

促进员工成长的三个核心要点如下。

（1）事业发展

为实现自己的人生价值，员工需要企业提供一个施展能力的事业舞台，并愿意为此努力奋斗；员工希望自己的付出能得到认可、获得相应的回报，就需要企业搭建成长通道、规划好职级体系、设计好步步登高的阶梯。

（2）学习成长

建立学习型组织，营造学习氛围，激发员工主动学习的欲望，注重逻辑维、时间维能力的训练，将员工所学的知识有效地转化为工作能力。为此需要建设知识工程，构建课程体系，支持对不同系列、层级人员所需能力的训练，并培养员工的自驱力。

（3）绩效薪酬

对员工的激励方式主要有情感激励、工作激励、竞争激励、绩效激励，其中绩效激励是核心。在数字化平台支持下，构建各系列员工绩效管理指标，通过绩效管理模型计算绩效，再将绩效结果推送至人力资源部门用于工资核算、职级评定的依据，将员工的职级与基础薪酬挂钩，从而形成员工学习→能力提升→工作实践→绩效管理→职级评定→薪酬福利→员工再学习的良性循环，持续促进员工成长。

参考文献

[1] 下地宽也. 逻辑思维, 只要五步[M]. 朱荟, 译. 北京: 企业管理出版社, 2014.

[2] 沧海满月. 世界顶级思维[M]. 南昌: 江西人民出版社, 2017.

[3] 丁兴良. 不懂带团队, 你就自己累[M]. 上海: 立信会计出版社, 2014.

[4] 柯匹, 科恩. 逻辑学导论[M]. 13版. 张建军, 潘天群, 顿新国, 等译. 北京: 中国人民大学出版社, 2014.

[5] 张建松, 李辉. 成功企业必备: 麦肯锡逻辑思维[M]. 北京: 经济日报出版社, 2017.

[6] 曾凯. 麦肯锡新人逻辑思考9堂课[M]. 北京: 群言出版社, 2016.

[7] 维特根斯坦. 剑桥大学教授的逻辑课[M]. 常春藤国际教育联盟, 译. 北京: 中国商业出版社, 2017.

[8] 梅多斯. 系统之美: 决策者的系统思考[M]. 邱昭良, 译. 杭州: 浙江人民出版社, 2012.

[9] 邱昭良. 如何系统思考[M]. 北京: 机械工业出版社, 2018.

[10] 德斯勒. 人力资源管理[M]. 12版. 刘昕, 译. 北京: 中国人民大学出版社, 2012.

[11] 田锋. 制造业知识工程[M]. 北京: 清华大学出版社, 2019.

[12] 石磊. 战略性人力资源管理: 系统思考及观念创新[M]. 成都: 四川大学出版社, 2008.

[13] 赵民, 刘志敏, 王永庆, 等. 基于流程的知识工程与创新[M]. 北京: 航空工业出版社, 2016.

[14] Project Management Institute. 项目管理知识体系指南（PMBOK 指南）[M]. 6 版. 北京：电子工业出版社，2018.

[15] 戈尔曼. 团队竞争力[M]. 科特，白金汉，蒋荟蓉，等译. 北京：中信出版社，2016.

[16] 西奥迪尼. 影响力[M]. 经典版. 闾佳，译. 北京：联合出版公司，2016.

[17] The Open Group .TOGAF 标准 9.1 版[M]. 中英对照版. 张国兴，等译. 北京：机械工业出版社，2017.

[18] 乔洁. 格局[M]. 长春：吉林文史出版社，2019.

[19] 陈中. 复盘：对过去的事情做思维演练[M]. 北京：机械工业出版社，2013.

[20] 邱昭良. 复盘+：把经验转化为能力[M]. 3 版. 北京：机械工业出版社，2018.